마음을 읽는 병원

분당서울대학교병원

분당서울대학교병원

마음을 읽는 — 병원

분당서울대학교병원

주위에 수많은 병원들이 있지만 편리한 교통, 깨끗하고 쾌적한 환경, 훌륭한 장비와 숙련된 의료종사자 등만으로는 환자의 마음을 얻기가 쉽지 않습니다.

올 초 국내 재계 총수들의 신년사 핵심 키워드가 공통적으로 '고객경험'인 것을 확인할 수 있었습니다. 또한 애플, 구글과 같은 세계적인 기업도 향후 5년간 고객 확보에 있어 가장 중요한 열쇠는 제품과 서비스가 아닌 '고객경험'에 있다고 힘주어 말하고 있습니다.

이는 세상이 당장의 효용성보다는 지속적으로 어떤 경험을 제공하는가가 더 중요한 시대, 이른바 '경험경제' 롤프 옌센 _ 드림 소사이어티 저자 의 시대가 도래했음을 알려주고 있습니다.

병원의 경쟁력도 이제는 시설이나 첨단의료장비 같은 하드웨어보다는 환자의 이야기를 얼마나 자주, 어떻게 청취하고 반영하는가에 달려 있습니다.

분당서울대학교병원은 환자의 이야기, 특히 불편했던 경험에 귀기울이고 있습니다. 칭찬카드, 불편·제안카드, 홈페이지 등의 다양한 경로를 통해 환자의 이야기를 듣고, 의료진들이 직접 환자들의 의견을 반영해 불편사항을 자발적으로 체험하여 예측하기도 합니다.

"고객과 더 많이 소통할수록 해야 할 일은 더 명확해지고 무엇을 해야 할지 결정하기도 쉬워진다" 존 러셀, Harley Davidson Europe VP 고 합니다.

이 책은 분당서울대학교병원이 환자의 이야기에서 그 마음을 읽어내었던 경험을 따뜻한 문체로 풀어내어, 환자가 진정으로 원하는 병원으로 바꾸어간 이야기를 실제 사례와 함께 소개하고 있습니다.

그동안 병원 곳곳의 크고 작은 환자의 이야기, 직원의 이야기, 또한 이를 통해 변화된 우리 모두의 이야기를 [마음을 읽는 병원, 분당서울대학교병원]으로 발간하며, 환자경험의 좋은 사례를 여러분들과 함께 나누고자 합니다.

백 남 종

분당서울대학교병원장
재활의학과 교수

추 천 사

2020년 2월, 코로나19 팬데믹이 시작되면서 '사회적 거리 두기'가 강화되어 사람 사이의 대면 접촉이 줄어들고, 사회적 활동에 많은 제약이 불가피한 상황이 되었습니다. 그렇지 않아도 몸의 불편함으로 인해 사람들과 함께하기가 쉽지 않은 우리 환자들은 그 공식적인 거리 두기에 더욱 고립감을 느꼈을 것입니다.

반면에, 역설적으로 우리 병원에서는 환자들을 만나며 사람과 사람으로 만나는 그 '거리'를 좁히는 노력을 지속적으로 하고 있습니다. 그 거리는 작고 사소해 보이는 환자의 이야기에 관심과 애정으로 마음을 읽으려 노력할 때 좁혀집니다.

때로는 심각하고 응급한 문제들도 실상 그 원인은 전혀 엉뚱한 곳에 있거나, 쉽게 해결할 수 있는 경우도 있습니다. 환자의 마음을 제대로 읽는다면 말입니다.

[마음을 읽는 병원, 분당서울대학교병원]에는 흥미진진하면서도 가슴 졸이는, 숨 가쁘면서도 뭉클한 의료현장의 이야기, 생생한 환자경험 이야기들이 담겨 있습니다. 우리 스누비안SNUBHian[•]과 함께한 환자와의 러브스토리를 꼭 들여다보시기 바랍니다.

김 관 민

분당서울대학교병원 진료부원장

흉부외과 교수

[•] 스누비안 : 분당서울대학교병원 교직원을 부르는 호칭. SNUBH + ian / SNUBH(Seoul National University Bundang Hospital) + ~ian

따뜻한 인술로 유명하신 선배 교수님께서 환자로 입원을 해보신 후 '환자의 마음을 잘 안다고 생각했었는데 많이 부족했던 것 같다'라고 말씀하신 것이 기억납니다. 그만큼 환자의 불안함과 복잡한 마음을 이해하는 것은 대단히 어려운 일입니다. 그렇지만, 환자의 복잡한 마음을 공감하고 편안하게 만드는 것에 노력을 다하는 것은 최고의 의료를 이루어내기 위해 우리가 해야 할 중요한 사명입니다.

우리 병원의 통합환자경험디자인 SEED SNUBH Emotional Experience Design 를 통해, 작고 사소한 불편이 누군가에게는 커다란 어려움일 수 있고, 예상치 못한 불편함이 많은 사람에게 도움이 되는 개선활동으로 변모할 수 있다는 것을 알게 되었습니다.

[마음을 읽는 병원, 분당서울대학교병원]은 '환자의 마음을 읽고 그들의 마음을 얻은' 병원의 소중한 이야기를 담고 있습니다. 환자의 불편한 정서를 읽는 것에서 출발하여 환자의 전반적인 경험을 디자인하는 이 책을 통해 사람에 대한 폭넓은 이해와 배려를 위한 우리 모두의 노력을 경험하실 수 있습니다.

이 자리를 빌려 환자경험을 위해 함께 애써주신 경영혁신실 식구들과 스누비안 모두에게 감사의 말씀을 전합니다.

장 종 범

분당서울대학교병원 경영혁신실장(2021~현재)
정형외과 교수

추 천 사

분당서울대학교병원은 한마디로 '혁신 선두 병원'입니다. 선도 병원이라는 표현도 모자라 선두에 선 병원이라고 말하고 싶습니다. 국립대병원이라는 한계에도 다양한 혁신을 시도하여 서울대병원에도 긍정적인 자극을 주었고, 의료계에 신선한 바람을 불어넣고 있기 때문입니다.

의료품질과 환자안전에서부터 환자의 마음을 얻으려는 노력에 이르기까지 혁신의 기준은 언제나 '환자중심'이었습니다. 중증질환에 대한 자신감을 바탕으로 국내 최초로 2019년부터 시작된 Outcomes Book이 의료품질의 표준을 제시한 것이라면, 이번 [마음을 읽는 병원, 분당서울대학교병원]은 환자를 진정으로 위하는 노력의 생생한 기록이자 Outcomes Book의 환자경험 서비스 버전이라고 볼 수 있습니다.

어느 병원이나 환자중심이라고 주장할 순 있습니다. 하지만 분당서울대병원처럼 의료품질과 서비스에 대한 노력과 성과를 진솔하게 공표할 정도로 실천하는 병원을 발견하기 어렵습니다. 이 책은 진정한 환자중심의 의료는 선진적인 시스템과 전 직원의 환자에 대한 절절한 애정이 결합되어야만 이루어질 수 있는 것임을 웅변하고 있습니다. 혁신적인 과정에 함께할 수 있었음에 늘 감사드리며, 그간의 노력에 큰 박수와 응원을 보냅니다.

박 개 성

ELIO&COMPANY 대표이사

추 천 사

환자에게, 의사에게, 병원구성원에게 병원은 어떤 곳이어야 할까요? 그 고민을 꾸준히 하는 병원은 진화합니다.

환자의 병환을 읽어내는 것도 중요하지만 환자의 마음까지 읽으려는 노력도 그만큼 중요합니다. 그 노력을 환자가 체험적으로 느끼면서 명의는, 명문병원은 만들어집니다.

이 책 [마음을 읽는 병원, 분당서울대학교병원]에는 분당서울대학교병원이 어떤 과정을 통해 명문병원으로 진화했는지 한 줄 한 줄, 또박또박 기록되어 있습니다.

박 용 후

관점디자이너
카카오PYH 대표 외
[관점을 디자인하라] 외 다수 저자

추천사

서울아산병원에 온 지 1년쯤 지났을 때 간호부 팀장 한 분이 이제 병원에 대해서 좀 이해가 되는지 물어본 적이 있습니다. 병원에서, 특히 현장에서 근무하다 보면 밖에서는 이해할 수 없고 경험할 수 없는 병원만의 특별한 '그 무엇'이 있다고 말했습니다. 그리고 그것을 느끼고 의미와 보람을 찾지 못한다면 병원에서의 힘든 업무들을 오랫동안 해나가기 힘들 것이라고 염려했습니다. 이 책은 그것이 무엇인지 너무도 잘 알려주고 그것을 느끼기 위한 출발점이 바로 '공감Empathy'이라고 이야기합니다. 의료현장에서 의료인들이 환자와 이루어가는 공감이 무엇인지를 가슴으로 느끼게 해줍니다.

이노베이션디자인센터를 시작하고 나서 2~3년이 지난 시점에 과연 환자들이 가고 싶어 하는 병원은 어떤 병원일까에 대한 고민을 한 적이 있습니다. 그것이 바로 병원이 추구해야 할 혁신의 방향이기 때문입니다. 대부분의 병원이 그럴 것이고, 이 책을 통해 분당서울대학교병원에서도 오래전부터 똑같은 주제의 고민을 해왔다는 것을 알 수 있었습니다.

[마음을 읽는 병원, 분당서울대학교병원]은 병원 업계 전체에 큰 도움이 되는 너무나 의미 있는 출간이라고 생각합니다. 그리고 이 글을 읽은 모든 독자들은 분당서울대학교병원에 꼭 오고 싶어질 것이라는 확신이 듭니다.

김 재 학

뷰브레인 헬스케어 대표

'환자경험관리? 평가? 뭘 어떻게 해야 되는 거지?' 지금 이 순간에도 의료업에 종사하는 많은 분들이 이 문제를 고민하고 있습니다. 의료계에서 '환자경험'이란 말이 쓰이기 훨씬 전부터 환자경험에 관심을 가진 병원이 오랜 기간 동안 환자경험을 어떻게 혁신해왔는지를 알 수 있다면 환자경험에 대해 고민하는 많은 분들께 영감을 줄 수 있을 거라고 생각합니다.

환자경험관리에 있어서만큼은 대단한 프로그램을 도입하는 것보다 꾸준함이 답입니다. 탁월함을 위해 꾸준함의 습관을 어떻게 실천할지, 이 책 [마음을 읽는 병원, 분당서울대학교병원]에서 유용한 팁을 얻으실 수 있을 것이라 생각합니다.

임 소 라

B&S Communications 대표
[의사의 듣기와 말하기] 공동저자

프롤로그

“하루 종일 바빠서 힘드시겠지만, 환자들이 일일이 물어보지 않아도 안심하고 치료를 받을 수 있도록 환자 입장에서 잘 설명해주시면 좋겠어요.”

“너무나 걱정되어 궁금하고 불안한데 누구 하나 눈 맞추며 제대로 설명해주지 않았어요.”

“크든 작든 환자에게 수술은 정말 무섭고 두려운 사건이고, 잘 모르니 자꾸 물어보게 되고 아프다고 징징거리게 되네요. 환자 입장에서 들어주시고 따뜻한 말로 답해주시면 병도 금방 나을 것 같아요. 그리고 수술한 환자들에게는 통증을 먼저 물어봐주시면 환자를 걱정해주는구나 느낄 것 같아요.”

걱정 한가득, 불안한 눈빛으로 외래진료를 기다리는 환자들의 모습을 떠올려봅니다. ‘누군가 눈 맞춰주길, 누구라도 와서 알은 체하며 설명해주길’ 기대하는 그 모습이 선명하게 그려집니다.

수술은 환자와 환자 가족의 일상에 어쩌면 가장 큰 사건일 수도 있겠습니다. 심각하지 않고 금세 일상으로 복귀가 가능하다고 들었음에도, 막상 수술대에 오르기 직전이나 수술 직후 통증이 느껴지기 시작하면 어김없이 걱정이 몰려옵니다.

환자를 위해, 환자의 건강한 일상으로의 회복을 돕기 위해 병원과 우리가 있지만, 환자들이 치료과정에서 진심을 느끼지 못한다면 몸의 치유는 있으나 마음의 상처는 남을 수도 있을 것이라 생각합니다.

“계속되는 질문에도 끝까지 친절하게 답변해주신 선생님께 더욱더 고마움이 느껴졌어요. 여러 차례 물어봐서 힘드실 텐데 진심으로 응대해주셔서…….”

“따뜻한 눈빛과 인사, 보호자인 제게 고생한다는 위로의 말 한마디와 아이가 금방 건강해질 것 같다는 희망의 말씀이 큰 위로가 되었습니다.”

“지하철을 타고 가던 중 갑자기 기절해버린 저를 보고 놀란 승객들이 열차 밖으로 끌어내렸고, 이때 분당서울대학교병원 간호사 선생님이 함께 내려서 심장 마사지와 제세동기로 응급처치를 해주셔서 제가 살아났습니다. 그리고 그 간호사님은 저를 돕기 위해 급히 내리느라 본인의 캐리어를 지하철 안에 놓고 내렸다는 말도 들었습니다.”

환자와 나눈 잠깐의 따뜻한 눈빛이, 마주한 환자를 바라보며 고개를 주억거렸던 짧은 순간이, 위급했던 시민을 보자 어느새 의료인의 모습으로 바뀌어 그저 힘을 다했을 뿐이었던 시간이 있습니다. 이러한 시간들로 인해 병원을, 의료인을, 우리를 바라보는 환자와 보호자의 시선과 표정이 달라졌음을 느낍니다. 코로나의 위험천만한 시간들과 싸우고, 예상치 못한 상황을 마주하고, 많은 환자분과 함께 정신없이 분주했던 시간들이 무지갯빛으로 옷 입혀지는 것만 같습니다.

크고 작은 불편했던 목소리에 마음을 기울이고, 소소한 칭찬과 격려에 큰 울림을 느꼈던 기억을 모았습니다. [마음을 읽는 병원, 분당서울대학교병원]에는 병원에서 생긴 일, 환자와 직원 그리고 병원의 찐한 이야기가 담겨 있습니다.

차 례

chapter 2 환자의 시선으로 바라보다

chapter 3 만나러 갑니다

chapter 4 스누비안이 한다

chapter 5 기억을 추억하며

chapter 1

잊지 못할 기억,
뜻밖의 선물

환자의 치료과정과 직원의 희로애락은
서로 떼어내서 생각하기 어렵습니다.
하루 중 가장 명료한 시간에, 가장 많은 시간을
병원에서 환자와 함께 지내는 직원들.
그렇기에 환자와 직원 간의 크고 작은, 기쁘고 슬픈,
따뜻하고 안타까운 이야기가 있습니다.
분당서울대학교병원은 2018년, 2019년, 2022년
'환자와의 이야기'를 에세이로 공개 모집하였습니다.
많은 직원들이 참여했고, 그 소중한 이야기들 중
몇 편을 고르고 골라 함께 나누고자 합니다.
환자와의 소중한 경험을 에세이에 공유한 직원들은
병원에서의 일상을 돌아보며 '일의 가치'를 찾았으며,
에세이를 읽은 직원들은
'환자와의 시간을 다시 들여다보는 의미를 발견'했다며 입을 모았습니다.
그럼 지금부터 소개해드리는 환자와의 가슴 찐한 울림이 있는
여덟 개의 진솔한 사연을 함께 느껴보시기 바랍니다.

환자와 의료진의

가슴 따뜻한 이야기

2022년 직원 에세이 선정작

김사랑 / 임상전담간호2파트(전 29병동)

어머니, 혼자 외롭게 보내드려서 죄송해요

오늘 하루 동안 총 세 명의 환자가 세상을 등졌습니다. 응급실도 아니고 일반병동에서. 낯익은 일은 아니지만 이제부터는 익숙해져야 할지도 모릅니다. 이런 생각은 이틀 연속으로 CPR심폐소생술을 하고 있다는 사실을 깨달았을 즈음에 들었습니다.

이브닝 근무 동안 총 열 명의 환자가 입원을 했고, 나이트 때는 앉아서 밥 먹을 시간조차 없을 정도로 바빴어요. 대학병원 간호사의 삶이란 이런 것이라며 저마다 충고해주던 선배들의 목소리가 들리는 것 같았죠. 물론 이런 상황까지 예상하고 내린 선택이지만, 끊임없이 덮쳐오는 감정 소모와 우울은 나의 발끝부터 갉아먹고 있는 것만 같았습니다.

더 나빠질 것도 없고 더 슬플 일도 없다고 생각했는데, 얼마 전, 환자의 사망에도 보호자 면회는 2인밖에 되지 않는다는 것을 눈으로 확인하고 나니 밑바닥에서 한층 더 밑바닥으로 끌려가는 기분이 들었습니다. 오미크론 확산으로 인해 보호자 출입 통제는 더 강화되었어요. 이전 병실에서 흔히

볼 수 있었던, 그런 간병은 고사하고 백신 접종 완료 여부와 COVID PCR 음성이 확인되지 않으면 보호자 교대조차 어려운 게 현실입니다.

얼마 전의 일이에요. 연명 치료를 원하지 않는다는 서약을 받고 입원했다가 입원기간 동안 조금씩 상태가 나아진 덕에 하룻밤이 지나면 전원을 하기로 한 환자였습니다.

"응급실에 있다가 여기 오니까 호텔 같네요. 다들 친절하시고……. 엄마만 좋아지면 될 것 같은데. 아직 엄마랑 하고 싶은 얘기도 많고, 같이 가고 싶은 곳도 많거든요. 코로나가 끝나면, 가족들 다 같이 어머니 모시고 괌에 다녀오기로 했었어요."

간병인은 환자분의 막내딸이라고 했습니다. 지병이 없던 노모가 쓰러졌다는 소식에 하던 일도 다 제쳐두고 간병하러 왔다고, 힘들지 않으시냐고 물으니 씁쓸하게 웃으며 그간 소홀했던 효도를 지금이나마 하려 한다고 말하던 모습이 떠오릅니다.

"엄마, 병원 창문이 이렇게 크지? 좀 춥긴 한데 이 자리에서 보면 아침에 해 뜨는 것도 보이고 노을도 예쁘게 보여. 엄마 노을 보는 거 좋아하잖아. 얼른 눈 떠서 이쪽 좀 보셔."

강직이 생긴 환자분의 고개를 연신 창가 쪽으로 기울여주고, 야위어버린 몸이 가슴 아팠는지 자신의 스카프를 환자분에게 둘러주며 대화를 이어나가던 모습이 아직도 눈앞에 선명한데…… 왜 꼭 문제는 퇴원 전날, 전원 전날 생기는 걸까요. 약속이라도 한 듯 환자의 상태가 급변했습니다.

고용량 산소 호흡기를 적용하고 요구량을 늘려도 산소포화도가 계속 떨어졌습니다. 노모를 보내드릴 마음의 준비도 아직 못한 중년의 딸이 달려와 어머니의 뺨을 치며 애원했습니다.

"엄마! 제발 눈 좀 떠봐! 내 말 안 들려? 엄마!"

차츰 의식이 흐려지는 환자를 앞에 두고 어쩔 줄 모르는 보호자 곁에서 내가 할 수 있는 일은 많지 않습니다. 그저 담담하게 가족의 죽음을 받아들이는 시간을 가지도록 안내하고 환자에게 마지막으로 인사할 수 있는 시간을 드리는 것. 하필이면 가랑비가 누군가의 눈물처럼 내리던 늦은 저녁이었습니다. 그리고 그 이후, 가족들이 고인에게 인사를 하는 그 마지막 순간마저 코로나가 가로막고 있었습니다.

"지금 응급실 입구에 다 와서 기다리고 있어요. 제발 엄마 얼굴 한 번만 보게 해주시면 안 되나요?"

그 제발이라는 말이 얼마나 간절하고 또 간절할지, 응급실 입구에서 하염없이 기다리는 가족들은 대체 어떤 기분일지, 차마 떨어지지 않는 입으로 들려드릴 수 있는 대답이 어째서 부정적인 대답뿐인지……. '규정상 어렵다, 정말 마음은 온 가족을 면회시켜드리고 싶지만 보호자 면회에서 확진자가 너무 많이 나오고 있다'라는 말밖에는 할 수 있는 말이 없었습니다.

목 놓아 우는 보호자 곁에서 함께 울고 싶은 심정이 들었습니다. 그렇다고 포기를 권할 수는 없었기에, 휴대전화의 스피커를 켜고 인사라도 하시는 건 어떨지 조심스레 제안을 드렸어요.

"오빠, 엄마한테 인사해…… 엄마 들을 수 있어. 이야기해, 오빠……."

가족들에게 연신 전화를 거는 보호자의 손은 눈물로 젖은 채 가늘게 떨리고 있었습니다. 곧 휴대폰에서 들려온 목소리도 눈물로 젖은 채 떨리고 있었습니다. 생전에는 미처 고인에게 전하지 못했던 말들이 띄엄띄엄 이어졌습니다. 휴대폰을 타고 목소리만이 아니라 감정까지 흘러들어오는 것 같았어요. 차마 다 헤아리지 못할 슬픔, 마지막 인사조차 할 수 없다는 절망감, 그간에 대한 후회와 미안함……. 그렇게 몇 사람이 인사를 마치고, 이어 며느리의 전화가 이어졌습니다.

"어머니, 그동안 너무 고생 많으셨어요. 힘드셨죠. 우리 천국에서 다시 봬요. 제가 꼭 어머니 뵈러 갈게요. 기다려주세요."

담담한 말투로 슬픔을 억누르는 목소리가 스피커 너머로 들려왔습니다. 옆에서 조용히 대화를 듣던 나는 결국 눈물을 억누르지 못하고 그곳을 뛰쳐나와 처치실로 갔습니다. 눈물을 닦고 다시 나가려고 해봐도 문고리를 잡는 순간 다시 눈물이 터졌습니다.

'내가 여기서 이러고 있으면 안 되는데. 지금 가장 힘든 건 내가 아니라 저분들일 텐데…….'

한참, 정말 한참이 지나고서야 다시 내가 있어야 할 곳으로 돌아갔습니다. 임종 후 고인이 된 환자를 처치하면서 기도했습니다.

'할머니, 꼭 천국에 가세요. 천국에서 온 가족들이랑 꼭 다시 만나시길 기도할게요.'

그렇게 내 나름대로 고인에게 인사를 드리고, 지친 몸으로 퇴근을 했습니다. 퇴근 버스를 기다리는 동안 문득 그런 생각이 들었습니다. 몸보다 마음이 더 지친다는 표현이 있습니다. 딱 지금 내 상태처럼. 코로나가 오늘도 또 환자의 몸을, 그리고 보호자들의 마음을 갈기갈기 찢어놓았다는 생각을 떨쳐버릴 수가 없었어요.

차가워진 고인의 손을 어루만지며 "간호사님, 고생 많으셨어요. 간호사님 덕분에 엄마한테 마지막 인사를 잘할 수 있었어요."라는 말과 함께 희미하게 미소를 짓던 보호자의 모습이 생각납니다. 그 고생 많으셨다는 말 아래에 쌓인 감정의 높이, 또 미소 아래에 감춰진 상처의 깊이를 감히 내가 알 수는 없을 것입니다. 가족의 죽음에 참관하는 것조차 불가능하게 만드는, 죽음 앞에서도 어쩔 수 없는 코로나가 슬프고 또 슬픈 이유입니다.

2022년 직원 에세이 선정작

조연희 / 특수검사부

저랑 함께 연습해보실래요?

"다시 하겠습니다. 환자분, 지금보다 훨씬 더 열심히 해주셔야 합니다. 한 번만 더 해보겠습니다."

반복되는 한숨과 격려 끝에 1시간에 걸친 검사가 종료되었습니다. 협조도 잘 안 되고, 마음에 드는 검사 Quality도 아니었지만 그래도 어떻게 검사를 잘 끝냈다는 작은 안도감을 가지고 환자분께 평소처럼 검사 주의사항과 다음 검사와 진료를 안내해드렸어요. 그런데 잠시 후 유리문 너머 환자가 있는 방에서 흐느끼는 소리가 들려왔어요.

"선생님, 죄송합니다."

환자는 내게 연신 미안하다며 쉽게 울음을 멈추질 못하셨어요. 분당서울대학교병원 알레르기검사실에서 근무한 지 1년 쯤 되었을 때의 일이에요.

그때의 나는 새 근무지에서 일을 잘 해내고 싶은 욕심이 있었고, 업무에 꽤나 익숙해진 탓에 불도저같이 일했어요. 나 스스로 사람을 상대하는 일이 적성에 꽤나 잘 맞는다고 생각하고 있었고, 특히 고등학생 때부터 할머니랑 살아왔기 때문에 연세가 많은 여자 환자분들에게는 잘 맞춰서 응대할 수 있다고 생각했어요.

나는 퇴근길에 바로 할머니에게 전화를 걸어 낮에 있었던 일을 말씀드렸어요. 긴 이야기를 끝내고 할머니께 여쭤봤습니다.

"할머니, 검사 협조가 안돼서 오래 걸린 게 눈물까지 보일 일이에요?"

그러자 할머니는 내 말이 끝나기가 무섭게 따끔하게 한마디 하셨어요.

"아이 그럼! 내 몸이 내 뜻대로 되지 않는 게 얼마나 답답한데!"

순간 뒤통수를 세게 얻어맞은 기분이 들었어요. 나는 겪어보지 못했던 일이어서 공감하지 못했던 부분을, 우리 할머니는 단번에 이해하셨거든요. 어쩌면 환자분 눈물 속에는 '협조가 안 되어 직원을 힘들게 했다는 미안함과 맘처럼 따라주지 않는 본인 몸에 대한 답답함이 섞여 있을 수 있겠구나'라는 생각이 들었습니다.

몸이 아파서 돈을 주고 검사를 받으러 온 사람이 도리어 울면서 나오면 그 마음속이 얼마나 불편할지. 우리 할머니께 같은 일이 일어났다면 어땠을지 생각하니 저절로 스스로를 반성하며 돌아보게 되었어요.

그리고 그날 밤, 나는 몇 가지 다짐을 했어요. 내가 이러한 환자들 눈에서 눈물이 나지 않게 하려면 미안함과 답답함 두 마음 중 어떤 마음부터 해결할 수 있을까?

먼저, 미안한 마음 없애기.

검사가 일찍 끝나고 내 뜻대로 흘러간다고 해서 내가 검사를 잘하는 게 아니었어요. 검사가 오래 걸리고 협조가 잘 이루어지지 않는다고 환자가 못하는 것도 아니었고요. 검사를 받는 환자들마다 몸 상태가 다르고 성향이 달라요. 해가 거듭될수록 쌓이는 경험을 바탕으로 최대한 짧은 시간 안에 환자를 파악하고 그에 맞는 언어와 방법을 택해서 검사를 리드해야 해요. 하지만 이론대로라면 경험 많은 직원들에게는 막힘없이 검사가 술술 풀려야 하지만 현실적으로 그러기가 쉽지 않아요. 그래서 내가 선택한 방법은 한숨을 쉰다거나 지친 표정을 내비치지 않고, 내 스스로도 계속해서 마인드 컨트롤을 하는 것이에요.

'나의 작은 한숨이 누군가의 마음에 돌덩이가 되어 내려앉을 수 있음을 기억해야 한다.'

그리고 또 하나, 답답한 마음 공감해 드리기.

역지사지가 아무리 중요하다고 하지만 어떻게 내가 상대의 마음을 온전히 다 이해할 수 있을까요? 잘 알지도 못하면서 아는 척 기계적인 위로를 건네는 것보다, 조금 더 공감을 살 수 있게 그들의 입장에서 다가가보는 것이 중요한 것 같아요. 내가 하는 검사들 중 환자분들께서 가장 힘들어 하시는 건 기관지유발 검사입니다. 이 검사는 40~50분 동안 힘든 폐활량 검사를 적게는 20번에서 많게는 50번 가까이 해야 해요. 대부분 이 검사를 하러 오시는 분들은 숨이 차고 기침을 많이 하는데, 이런 분들에게 세고 길게 숨을 불어야 한다고 계속해서 독려해야만 하는 상황이 정말 쉽지 않아요.

예전에는 환자분들께 "훨씬 더 세게 부실 수 있어요. 아깐 그렇게 하셨잖아요."라고 말씀드리면 "나처럼 나이 먹어봐, 기운이 빠져서 더는 못 하겠어.", "선생님은 건강하니까 그렇게 세게 불 수 있는 거지."라는 말들이 돌아왔어요.

나는 젊고 건강해서 전혀 공감하지 못할 줄 알았어요. 하지만 일전에 장염에 걸려서 아무것도 못 먹었을 때가 떠올랐고, 옆에서 누군가 라면을 먹으면서 "너도 후루룩 먹어봐!" 하면, 똑같진 않아도 비슷한 기분이 아닐까 하고 생각했어요. 아무튼 그날의 소중한 경험으로 나는 환자를 보는 관점이 확 달라졌습니다.

"환자분, 여러 번 해서 너무 힘드시죠? 제가 해보니까 요령이 아주 중요하더라고요! 저랑 함께 연습해보실래요? 네, 좋습니다. 점점 잘해주고 계세요!"

이렇게 환자들로 하여금 마치 내가 옆에서 같이 검사받는 동지처럼 와닿게 해드리려고 노력했어요. 덕분에 적어도 쓴소리가 돌아오는 일은 없습니다. 병원에서 근무한 지 5년 차가 되어가고 있지만 여전히 사람을 상대하는 일은 어려워요.

그러나 나에게 그러한 경험들이 있었기 때문에 한 발자국이라도 더 발전한 현재의 내가 있다고 생각해요. 앞으로도 나쁜 상황을 마주할 때마다 좌절과 자책보다 더 나아갈 용기와 지혜를 갖고 업무에 임한다면, 언젠가 환자들 칭찬에 날개가 달려 우리나라에서 '분당서울대학교병원 알레르기검사실이 최고'라는 소식을 듣게 될 날이 오지 않을까요.

2022년 직원 에세이 선정작

윤경옥 / 신생아실(전 106병동)

공감의 무게

우리들은 의료계 종사자이며 동시에 감정노동자입니다. 원내 교직원 대부분은 고객 접점 부서에서 근무 중이며, 지금도 고객들의 민원을 처리하느라 고군분투하고 있지요. 저 역시 간호사 2~3년 차 정도 되었을 즈음에 흔히 말하는 '진상 감별법 혹은 진상 대처법'을 깨우쳤던 것 같아요. 그래서 민원이 발생하면 적당히 해결하고 동료들과 수간호사선생님께 하소연하면서 억울한 감정을 풀어나가곤 했어요.

2021년에 환자경험평가를 시행한다고 했을 때 달갑지 않은 기분이 든 건 저뿐만이 아니었을 거예요. 중증도 높은 우리 병원에서 바쁜 업무 처리도 모자라 이젠 친절함까지 강요당하는 느낌을 받았던 것이 사실이거든요. 이런 비뚤어진 마음가짐으로 진심 없는 친절을 반복하던 어느 날, 엔젤콜 퇴원환자에게 불편사항이나 문의사항은 없는지, 향후 일정 등을 안내하는 전화 제의를 받게 되었죠. 순간 묵직한 돌멩이 하나가 명치에 얹힌 것 같은 기분이 들었어요.

'이제는 퇴원환자까지 신경 쓰라는 건가?'

가슴이 답답해졌어요. 엔젤콜 담당자라고 해서 전화만 할 수는 없는 법. 간호는 간호대로, 엔젤콜은 또 근무 중 따로 시간을 내어 시행해야 했어요. 상황이 이렇다 보니 저의 엔젤콜은 매뉴얼대로만 이루어졌어요. A질문엔 A 대답, B질문엔 B대답. 어찌 보면 엔젤콜이 아니라 자동응답기 같았어요. 그런데 일이 조금 익숙해졌을 무렵에 뜬금없는 불청객이 찾아왔어요. 그간 열심히 일해줬던 손목에 건초염이 생겨버렸고, 젓가락질이나 머리도 못 감는 심한 통증에 더는 업무를 이어갈 수 없어서 병가에 들어가게 되었어요.

저는 혈액종양내과병동 간호사로서 근골격계 질환은 생사를 다툴 필요가 없는 사소한 영역이라고 여겨왔었어요. 하지만 제가 환자가 되어보니까 정말이지 하나부터 열까지 불편하지 않은 게 하나도 없다는 것을 뼈저리게 느끼게 되었죠. 식사를 포크로 해야 했으며, 가족의 도움 없이 씻기도 어려웠고, 안아 달라는 딸의 얼굴도 외면해야 했거든요.

하루에도 몇 번씩 손목에 강한 통증이 올 때마다 저도 모르게 눈물이 줄줄 흘렀어요. 아픈 건 손목 하나였지만, 이로 인해 제 삶과 가족의 생활까지 아주 난처해지기 시작했어요. 저는 정말 괴로웠지만 인근 의원에서 "글쎄요. 그렇게 심한 병은 아닌데……."라는 말을 들었어요. '환자 입장은 이런 것이구나!' 내가 겪는 고통을 말 한마디로 평가하는 느낌에 서럽고 공허한 기분마저 들더군요.

또한 가족에게 부탁하는 것도 한두 번이지, 본인이 아프지 않으면 주변 사람들은 계속 잊어버리더라고요. 건강한 사람은 당연히 할 수 있는 영역이라 먼저 도와줘야겠다는 생각 자체를 하지 못하기 때문이죠. 때문에 타인에게 부탁하기를 주저하다가 다시 손목이 악화되는 경우가 많다고 하더라고요.

그러던 어느 날, 물리치료를 위해 인근 의원에 재차 방문했어요. 평소처럼 찜질을 하고 파스를 발라주던 물리치료사 선생님이 먼저 한마디 건네주셨어요.

"건초염 때문에 너무 힘드시죠? 젓가락질도 어렵고 제대로 씻지도 못하고."

어쩜 그렇게 내 맘을 잘 알고 계시던지, 순간 목이 메고 눈물이 핑 돌았어요. 일할 때는 아무리 강조해도 공감이라는 단어 자체를 실감하지 못했던 것 같아요. 그런데 막상 제가 상대로부터 공감을 받아보니 차오르는 감동에 그 뜻을 절실히 이해하게 되었어요.

그렇게 긴 시간 병가를 끝내고 복귀하였을 때의 제 마음가짐은 완전히 달라졌어요. 사소하게 여겼던 근골격계 질환도 이렇게 지독한데, 암과 싸우는 환자와 가족들의 고통은 상상할 수도 없겠구나 싶었어요. 진상 환자를 구분하며 나름 잘 해결했다고 뿌듯해하며 자만에 빠져 있었다는 걸 알게 되었고, 지난날이 부끄러웠어요.

이제는 말의 날카로움을 깨달았고, '공감의 무게'를 확실하게 느끼게 되었어요. 매뉴얼대로만 해왔던 예전의 모습은 버리고, 진짜 엔젤콜이 되어보고자 노력했어요. 그리고 진심으로 환자들에게 다가가자 그들도 마음을 열고 속내를 털어놓는 경우도 많아졌어요.

"솔직히 이건 말 안 하려고 했었는데…… 이런 일이 속상했어요."

"옆자리 환자가 불편해요. 선생님이 해결해줄 수 있는 일은 아니지만 그

래도 들어주셔서 감사해요."

"몸은 아프지만 입원하는 동안 사랑으로 돌봐주셔서 고마웠습니다."

답답한 심정을 들어주는 것만으로도, 상대방은 어느 정도 갈증이 해소됨을 느낀다고 하잖아요. 제가 경험해본 바, 환자들은 문제 해결 자체보다는 극진한 마음 돌봄을 받았을 때 큰 만족을 표현하셨어요. 그리고 동시에 저도 값진 일을 하고 있다는 충족감에 얼마나 행복한지 몰라요. 세상에 나쁜 환자(보호자)는 없을지 몰라요. 내가 겪어보지 않았다면 함부로 평가하고 진상으로 단정 짓지 말았으면 해요.

이번 일을 계기로 저는 '환자들과 소통하려면 우선 공감이 필요하다는 것과 진심이 담긴 공감은 치료에 큰 도움을 줄 수 있다는 것'을 깨닫게 되었어요.

2022년 직원 가족 에세이 선정작

허가연/(중1, 여) 정신건강의학과 이선미 사원 자녀

병원은 아프고 무서운 곳이 아니었어요

저는 어렸을 때부터 희한하게 뼈가 잘 부러져서 병원에 자주 다녔어요. 병원에 갈 때마다 의사선생님은 심각한 표정을 하시고는 제가 잘 알지 못하는 단어들로 부모님과 얘길 나누셨어요. 그래서 혹시 내가 큰 병에 걸린 게 아닌가라는 생각에 무서워서 눈물이 났어요. 이런 경험들로 인해 병원은 심각하고 무서운 곳이라는 생각이 들었죠.

유치원 때 팔이 부러져 수술하기 위해 분당서울대학교병원에 입원하게 되었을 때의 일이에요. 그때도 너무 무섭고 아파서 엉엉 울고 있었는데, 병동 간호사 선생님들이 "애기야, 많이 아프지?" 하면서 "밥 잘 먹고 의사선생님 말씀 잘 들으면 얼른 나을 거야."라며 따뜻하게 위로해주셔서 너무 좋았어요. 병원은 아프고 무서운 곳인 줄로만 알았던 제가 처음으로 병원이 꼭 무서운 곳만은 아니라는 것을 알게 해준 첫 경험이었어요.

그리고 초등학교 6학년 때는 머리를 감을 수도 없었고, 물건을 집을 수도 없을 정도로 등이 엄청 많이 아팠어요. 동네 병원에서는 제가 척추측만

증도 심하고 골절도 있는 것 같으니까 얼른 큰 병원으로 가보라고 하여 또 다시 분당서울대학교병원에 오게 되었어요.

의사선생님은 유전자와 MRI 등 여러 검사를 해봐야 한다고 하셨고, 여러 가지 검사를 받아야 한다는 생각에 너무 두렵고 긴장이 됐어요. 그렇지만 검사받을 때마다 선생님들이 곁에서 칭찬도 해주시고 용기를 주셔서 마음이 많이 편해졌어요.

"와! 가연이 참 잘하네. 이건 어른들도 무서워서 잘 못하는 검사야."

"아프지 않게 선생님이 한 번에 쏙 뽑아줄게."

제가 침착하게 검사를 받는다며 MRI실 선생님이 칭찬해주셨고, 채혈실 선생님은 정말로 아프지 않게 피를 뽑아주시며 예쁘게 웃어주셨어요.

검사 결과 의사선생님은 제 병이 '골형성부전증'이라고 알려주셨어요. 그러면서 얼마간은 입원해서 치료받아야 하고, 키도 안 클 수 있다고 하셨어요. 지금도 키가 작아서 고민인데 더 크지 않을 수 있다는 말에 나도 모르게 눈물이 나왔어요. 가끔 대나무처럼 쭉쭉 키가 커지는 꿈을 꾸곤 했거든요. 또 무엇이든 번쩍번쩍 들어 올리는 친구들처럼 힘도 세지고 싶었고요.

"너무 걱정하지 마. 밥 잘 먹고 운동 열심히 하면 분명히 좋아지는 병이니까. 알았지?"

제 마음을 아셨는지 의사선생님이 열심히 관리하면 많이 좋아진다면서 안심시켜주셨어요. 솔직히 저는 제가 어떤 병을 앓고 있는지 아직 잘은 몰라요. 하지만 평생 치료를 받아야 하는 병이라는 건 알고 있어요. 그래서

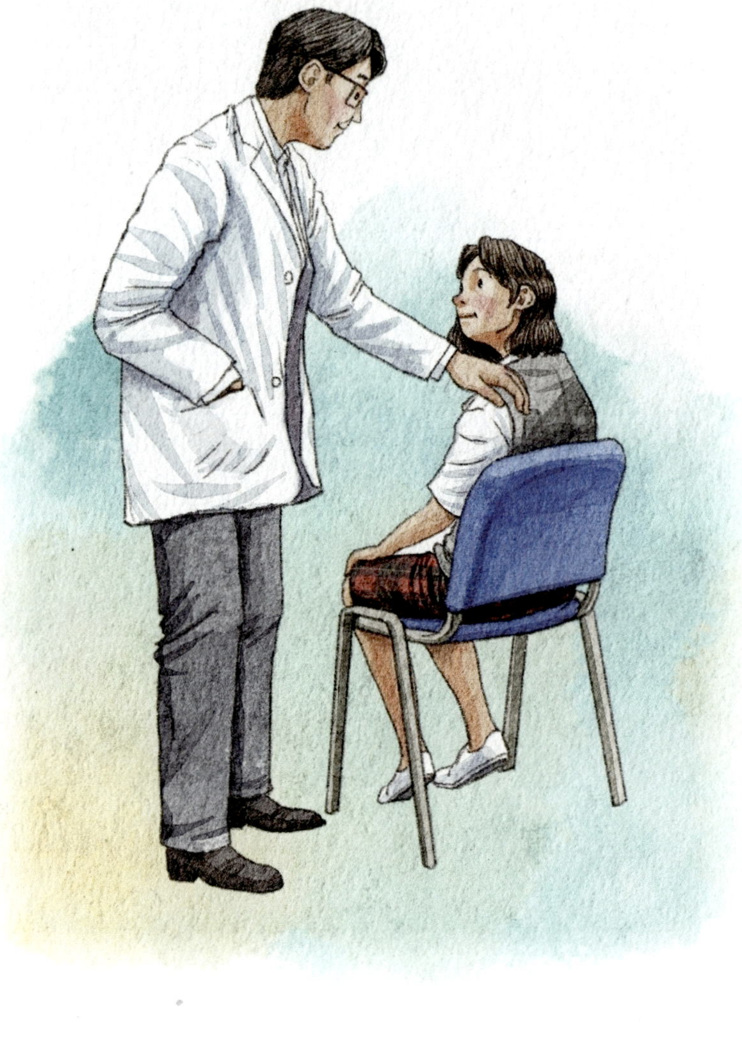

언제까지 분당서울대학교병원을 가야 할지 모르겠지만, 이제는 걱정하거나 긴장하지 않고 밝게 웃으면서 병원에 가고 있어요.

친절한 의사선생님과 상냥한 간호사 선생님, 또 칭찬해주시고 용기를 주시는 검사실과 채혈실 선생님들 덕분에 병원은 이제 아프고 무서운 곳이 아니라는 걸 알게 되었어요! 그리고 무엇보다 분당서울대학교병원은 세상에서 가장 사랑하는 우리 엄마가 일하는 직장이기 때문이에요.

"오늘도 아픈 곳을 잘 치료해주시고 겁쟁이가 된 환자들을 위로해주셔서 감사합니다."

2019년 직원 에세이 선정작

이수라 / 뇌신경계중환자실간호파트(전 외과계중환자실간호파트)

우리 다시는 만나지 말아요

"얼른 나아서 퇴원하세요. 그리고 우리 다시는 만나지 말아요."

이렇게 우리 이제는 다시 만나지 말자며 웃으면서 대화를 나눌 수 있는 곳은 아마도 병원밖에 없을 겁니다. 그중에서도 이 말이 가슴 깊이 와닿는 곳이 있다면 단연 중환자실을 꼽을 수 있을 겁니다. 그리고 내가 만난 중환자실 환자와 가족들에게 가장 행복했던 순간을 꼽아 달라고 하면 바로 중환자실을 떠나는 순간이 아닐까 싶습니다. 의료진과 환자로 만난 우리는 서로 평생 다시는 만나지 않길 희망하는 사이입니다. 그렇게 우리는 항상 그 어느 때보다 기쁜 이별을 하고 있습니다.

언제였을까요? 그때가 언제였는지 생각나지도 않을 만큼 훌쩍 세월이 지났네요. 그리고 다시 만난 건, 올해 늦은 여름 소아중환자실 앞에서였습니다. 그동안의 세월이 무색할 만큼 여전한 모습의 어머니를 나는 한눈에 알아보고야 말았어요. 나도 모르게 절로 고개 숙여 "안녕하세요!"라는 인사를 건넸어요. 분명히 우리가 다시 만난 건 안녕해서가 아닐 텐데 말이에요.

소아환자들을 기억하는 방법의 하나로, 아이보단 부모님의 모습을 떠올리며 기억하는 게 어느덧 익숙해졌어요. 아픈 아이들이라 할지라도 성장주기에 맞춰 성장하고, 아기 때 얼굴은 흐릿해져 얼굴도 몸통도 훌쩍 커버린 아이에게 저 먼 시간 속 기억을 떠올리는 게 쉽지만은 않아서죠. 그러다 보니 환아보다는 부모님의 모습을 보고 지난 순간들을 떠올리며 이야기하는 게 예삿일이 되어버렸습니다.

5년 전쯤. 어느 날 갑자기 경련하며 의식이 없어진 아이는 해면상 혈관종Cavernous hemangioma이라는 너무도 낯선 진단명으로 우리에게 찾아왔어요. 아직 대천문머리의 한가운데 전두골과 두정골 사이에 있는 천문이 닫히지도 않은 머리에 EVDExternal Ventricular Drainage 뇌실 외 배액술관을 삽입하였으며, 반복되는 뇌압 상승과 수술에 인공호흡기 이탈은 매우 어려웠어요. 또 기도확보를 위해 기관 절개술을 하였고, 인공호흡기 치료를 반복하다가 주 진단명에 맞게 진료과가 바뀌면서, 그렇게 소아중환자실을 떠났습니다.

그리고 정확히 5년이 지난 후, 훌쩍 커버린 모습으로 다시 우리에게 찾아왔어요. 처음 입실했을 땐 다른 중환자와 마찬가지로 고비가 있었지만, 그래도 온 힘을 다해 굳세게 이겨낸 아이는 점차 회복했고, 또 한 번 우리와 기쁜 이별을 맞이하게 되었습니다.

일반 병실로의 전동이 결정이 났을 무렵, 면회 시간에 만난 어머니는 내게 이런저런 이야기를 해주셨어요. 예전, 중환자실에서 재원기간 중 함께했던 그 시절 간호사들의 모습을 모두 기억하며 그때의 감사함과 고마움을 이제야 전하게 되었다고 말이에요. 그리고 우린 마치 여고 시절 친구를 만난 듯 환아에 대한 이야기와 더불어 일상에 대해 소소한 이야기를 웃으며 나누었습니다. 지난날들, 아이를 간호하느라 많이도 힘들었을 어머니에게 어쩌면 함께 이야기하며 공감할 친구가 필요했었던 게 아닌가 싶은 생각이 들었어요.

중환자실에서의 틀에 박힌 일상 속에서 어쩌면 형식적인 간호사와 보호자와의 관계가 이렇게 타임머신을 타고 추억을 같이 떠올리며 이야기를 나눈다는 것은 그만큼 환아의 상태가 호전되어 마음의 여유가 생겼기 때문일 거예요.

이제 또 한 번 기쁜 이별의 순간이 왔어요. 그리고 어김없이 어머니에게 전해요. 조금은 특별한 우리들의 인사말로 말이에요.

"어머니, 우리 다시는 만나지 말아요. 꼭이요!"

엘리베이터에 들어선 어머니와 환아의 모습을 뒤로한 채 돌아선 순간, 흐르는 눈물이 그날따라 너무도 참기 힘들었어요. 중환자실 입구에서 몰래 눈물을 훔치고 있는데, 그만 전동 시 동행을 위해 나섰던 주치의 선생님에게 들키고 말습니다.

"환아 어머니가 엘리베이터 문이 닫히는 순간, 우시더라고요. 간호사님들이 많이 잘해주셨나 봐요."

선생님의 그 말에 또 한 번 울컥했습니다. 순간 들켜버린 눈물이 창피해 고개를 돌려 못 들은 척했지만 마음으로 대답했어요. 나 또한 감사했다고. 그리고 우리 기쁘게 헤어져서 정말 다행이라고. 오늘도 나는 이별이 기쁜 간호사로 하루를 보냅니다.

2019년 직원 에세이 선정작

용정민 / 응급실간호1파트

곧 괜찮아지실 거예요

응급실 중환 구역은 언제 어떤 환자가 올지 알 수 없기에 항상 긴장 속에서 일합니다. 하루에도 수없이 많은 환자들을 접하는 나의 평범한 일상은 누군가에겐 인생이 걸린 절체절명의 순간이죠. 생과 사가 오가는 응급실엔 언제나 안도와 걱정, 또 기쁨과 슬픔이 복잡하게 얽혀 있습니다.

영하 10도를 오르내리는 추위가 맹위를 떨치던 겨울밤, 한바탕 응급환자들을 돌보고 나자 잠시나마 평온이 찾아왔습니다. 하지만 그러한 평온함은 대개 오래가지 않아요. 그건 마치 태풍이 몰아치기 직전의 고요함과도 같이 한시도 긴장을 늦출 수 없기 때문이에요. 예상대로 고요한 중환 구역에 전화벨이 울렸습니다.

"50대 보행자 TA Traffic Accident 교통사고 산소 15L/min 중환 구역으로 입실한다고 합니다!"

연락을 받자마자 간호사들은 서둘러 수액을 만들고, 환자를 눕힐 자리를 마련했습니다. 잠시 후 119구급대원들이 환자를 이동용 침대에 싣고 들어왔어요. 환자는 횡단보도를 건너던 중 달리는 버스에 치여 30m 가까이 날아갔다고 합니다. 환자는 가쁜 숨을 몰아쉬며 힘겹게 말을 뱉어냈습니다.

"등하고 옆구리가 너무 아파요. 숨…… 숨 쉴 수가 없어요. 제발 숨 좀 쉬게 해주세요."

"환자분, 움직이기 힘드시죠? 일단 옷을 모두 잘라야겠어요."

밖은 영하 10도를 오르내리고 있던 터라 환자는 옷을 겹겹이 입고 있었어요. 일단 옷을 모두 잘라야겠다고 얘기하고 겹겹이 입고 있던 옷을 잘라내기 시작했습니다. 간호사 셋이 붙어서 팔과 다리의 옷을 잘라냈지만, 두꺼운 코트는 작은 가위로는 역부족이었어요. 간호사들이 외투가 잘리지 않아 당황하자 옆에서 지켜보던 119구급대원이 급히 차로 뛰어가서 조난자 구조용 가위를 들고 와 잘라주었습니다.

이윽고 환자는 몸 전체가 노출되었고, 찬찬히 외상을 파악해나갔습니다. 다행히 겉으로 보기에는 찰과상 외에 특별한 것이 없었어요. 우린 환자에게 혈압, 산소포화도, 심전도 모니터를 적용하면서 투약 경로 확보, 채혈, 수액 투약, 진통제 투약, 영상검사를 배정했습니다. 또 이동용 엑스레이 검사기가 오기를 기다리며 담당 주치의와 상의하여 흉관을 미리 준비해 놓았습니다.

흉부 엑스레이를 확인한 결과, 환자는 다발성 갈비뼈 골절에 혈흉흉강 내에 혈액이 괸 상태까지 발견되었습니다. 담당 주치의는 즉시 흉관 삽관을 실시하고 환자의 동공 크기를 확인했어요. 그리고 산소포화도를 올리기 위해 기관 삽관을 실시했습니다.

“응급처치 받았으니까 곧 괜찮아지실 거예요.”

나는 희미해져가는 환자의 눈을 바라보며 안심시켜주었습니다. 하지만 기관 삽관 후에도 환자의 혈압이 계속해서 떨어졌고, HB[Hemoglobin 혈색소] 수치가 감소했습니다. 지체 없이 대량 수혈을 위해 중심정맥관을 삽입하고 응급수혈 준비와 level 1[급속 혈액 가온 주입기]을 세팅했어요.

혈액을 급속 주입하는 일은 응급실에서도 흔치 않은 일이에요. 그만큼 환자의 상태가 위급해졌다는 뜻입니다. 잠시 후 준비된 혈액이 도착하자 순식간에 농축적혈구 12팩과 신선동결혈장 8팩이 주입되었습니다.

수혈을 받자 환자의 혈압은 조금씩 오르다가 떨어지기를 반복했습니다. 또한 인공호흡기의 FIO2[인공호흡기의 흡입 산소농도]가 1.0임에도 불구하고 산소포화도가 유지되지 않았고, ABGA[Arterial Blood Gas Analysis 동맥혈가스검사]에서도 산소포화도 30%가 확인되었어요. 그리고 HB는 10g/dl에서 5g/dl로 떨어졌어요. 급히 심폐소생술을 시행하자 한 차례 심장 박동이 돌아왔습니다. 그러나 다시 맥박이 느려지고, Epinephrine[교감신경 흥분제]을 투약하고, 또다시 심정지가 반복되었어요.

“환자분 정신 차리세요! 제 말 들리세요? 환자분!”

“…….”

장장 6시간에 걸쳐 한 생명을 살리기 위해 노력했건만 모든 것들이 주치의의 사망 선언과 함께 사라져버렸습니다. 이후 영상검사를 확인해보니 외상으로 인한 혈관 손상으로 인해 색전술을 할 수 있는 상황도, ECMOExtra Corporeal Membrane Oxygenator, 체외 막 산소 공급 장치를 삽입할 때까지 견딜 수 있는 상황도 아니었죠. 그리고 환자가 계속해서 등이 아프다고 한 이유를 영상의 날개 뼈에서 찾았어요. 처음 응급실에 도착했을 때 의식이 명료했던 것이 오히려 기적이었습니다. 뒤늦게 도착한 보호자들의 통곡 소리를 뒤로하고 환자는 그렇게 돌아올 수 없는 먼 길을 떠났어요.

모든 처치가 끝난 후 이제 마지막으로 영안실로 전화하는 일만 남았습니다. 습관적으로 누른 번호에 "영안실입니다."라는 말이 들려왔어요. 순간 울컥해서 아무 말도 나오지 않았어요. 방금 전까지만 해도 살려고 부단히 노력했을 환자가 떠올라 그때서야 외면했던 슬픔이 밀려왔습니다. 간신히 울음을 참아가며 떠듬떠듬 응급실에 환자가 있음을 알렸어요.

그가 누워 있는 새하얀 시트 아래로 피 묻은 손이 나와 있었습니다. 저 피를 닦지 않으면 계속해서 생각날 것 같아 급하게 거즈에 생리식염수를 묻혀서 피를 닦아냈어요. 그리고 보호자에게 퇴원 안내를 하는데, 또다시 눈시울이 붉어져서 말이 나오지 않았어요. 그러자 보호자가 내 눈을 보며 정말 고생하셨다고, 감사하다고, 최선을 다하셨던 게 눈에 보였다고 말해주었어요. 그 말에 눈물이 자꾸 나서 퇴원 안내를 진행할 수가 없었습니다.

아무리 상황이 힘들어도 담당 간호사는 빠르게 수가를 확인하고, 처방받지 못한 약이 있는지, 심폐소생술 상황에서 어떤 약을 썼었는지 다시 확인해야 합니다. 최대한 빠르게 확인을 해야 내 환자를 편히 영안실로 보낼 수 있어요.

그러나 "곧 괜찮아지실 거예요."라고 들려주었던 환자의 마지막 대화가 생전 처음 보는 '나'였다는 사실에, 가족과 마지막 인사를 할 틈도 없이 가셨다는 사실이 나를 무척 슬프게 했습니다. 그렇게 그 환자를 내 기억 속에, 내 가슴 속에 묻었어요. 그날 밤 근무는 내가 충분히 슬퍼하기에 너무나 짧았습니다.

2018년 직원 에세이 선정작

김선희 / 인공신실간호파트(전 내과계중환자실간호파트)

9번 할아버지

제가 근무하는 내과계중환자실은 1번부터 16번까지 침상별로 번호가 적혀 있습니다. 환자들 대부분이 의식이 없고 비슷한 연령대, 그리고 비슷한 치료를 받아서인지 간호사를 비롯한 많은 의료진들은 침상번호를 환자의 이름처럼 부르곤 합니다. 중환자실에서 근무한 약 4년 동안 이에 대해 별다른 생각이 없었는데 얼마 전 제 마음을 흔드는 일이 있었습니다. 지금부터 9번 할아버지와의 3일간의 이야기를 전하고자 합니다.

"저기, 여기 9번 담당 간호사 선생님 누구시죠?"

여느 때와 같은 피곤한 day근무였습니다. 제 담당 침상을 바라보니 9번 침상에서 저를 물끄러미 바라보는 할아버지가 앉아 계셨습니다. 평소와 다름없이 침상 바로 앞에 있는 컴퓨터 모니터를 보면서 환자에 대해 인계했죠.

"9번은 IPF특발성 폐섬유증예요. 우선 HFSHigh Flow System-고유량 산소 주입시스템로 버티고는 있어요. 그런데 언제까지 이렇게 버티실 수 있을지는 모르겠어요."

인계를 듣다가 할아버지를 보니 이불을 꼭 안은 채 저희들의 인계를 듣고 계셨습니다. 몇 개월 만에 의식 있는 환자분을 담당하게 된지라 반가운 마음도 컸지만, 한편으로는 완치가 불가능한 질병임을 알기에 무거운 마음으로 근무를 시작했습니다.

할아버지는 환의를 갈아입혀드리는 것도 부끄러워하셨고, 식사 보조해드리는 것도 수차례 거절하셨습니다. 중환자실 환자분이 맞나 싶을 정도로 정정하시고 조용하신 모습에 새삼 낯선 기분이었습니다. 이후 오전 회진시간에 주치의가 검진을 위해 침상 앞으로 왔습니다. EMRElectronic medical record 전자의무기록을 보면서 검사결과와 오더에 대해 이야기를 나누었습니다. 할아버지는 저희 이야기를 유심히 듣고 계셨고 몇 분 뒤 처음으로 제게 먼저 말을 거셨죠.

"다들 나를 왜 9번이라고 하는 거죠? 내 이름은 ○○○이에요."

이 한마디와 함께 할아버지께서는 안경 너머 찡긋하는 미소를 보내셨죠. 순간 '아차' 했습니다. 제 표정을 본 할아버지는 웃으시면서 가까이 오라 손짓을 하셨어요.

"나는 작은 안경공장을 하고 있어요. 지금 쓰고 있는 안경도 내가 만들었어요. 지금 여기 앉아 있을 게 아니라 할 일이 너무 많은데 말이죠."

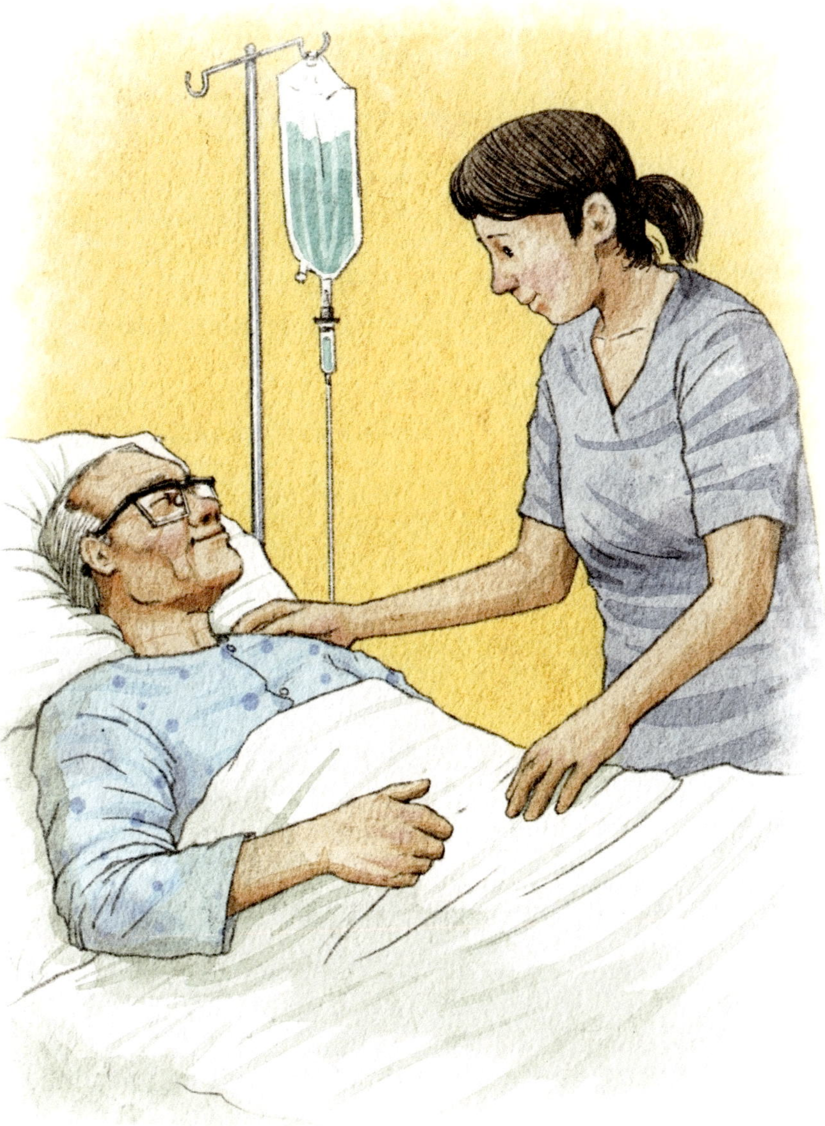

제게 5분 정도를 이야기하시니까 산소포화도가 떨어지면서 알람이 울렸습니다. 할아버지는 고개를 돌려 직접 산소포화도를 보시더니 나중에 또 대화하자며 눈을 지그시 감으셨습니다.

환자 이름 놔두고 왜 번호로 부르느냐는 할아버지의 그 질문 하나로 너무 많은 생각이 들었습니다. 중환자실에서 처음으로 환자들의 손목에 신체 보호대를 할 때, 첫 사후처치를 할 때의 잊고 있던 마음까지 생각났습니다. 환자이기 전에 저와 똑같은 사람이라고 생각했고, 환자가 고통스러워하면 저도 힘든 때가 있었습니다. 환자에게 미안한 마음, 고마운 마음, 감정을 담아 그들을 위해서 일했던 때…….

다음 날 아침 전날보다 다소 지친 할아버지 얼굴을 볼 수 있었습니다. 할아버지는 맞은편에 기관 삽관이 되어 진정치료 중인 환자와 본인의 핸드폰을 번갈아 보시며 무언가 고민하고 있으신 것 같았습니다.

"○○○ 할아버지, 뭐를 그렇게 열심히 보세요?"

"우리 가족들 사진……. 궁금한 게 있는데, 내 맞은편에 있는 저분은 어떠신가요? 나도 저렇게 기관 삽관을 해야 하는 건가요? 그런데 나는 저걸 해도 나아질 수 없는 거죠?"

이렇게 짧은 말씀을 하는데도 산소포화도는 무섭게 떨어지고 호흡양상이 나빠졌습니다. 특발성 폐섬유증은 기관 삽관을 하더라도 본질적으로 문제가 해결될 수 없는 질병이라 의사들도 쉽게 결정을 내리지 못했습니다. 할아버지의 면회시간은 길었습니다. 담담한 할아버지, 슬퍼하는 배우자 할머니와 딸 그리고 그 옆에 서 있는 나.

기관 삽관을 하면 나을 수 있냐는 가족들의 질문에 어떤 답변도 할 수 없었습니다. 그날 할아버지는 바쁘셨습니다. 숨이 가쁘면서도, 수액이 연결되어 있는 손으로 바쁘게 핸드폰을 만지고 노트북을 만지셨죠. 그 모습을 뒤로한 채 다음 날 아침까지의 만남을 기다렸습니다.

다음 날 마주한 할아버지는 인사하시는 것도 힘들어 보이셨습니다. 주치의 선생님은 어렵게 기관 삽관에 대한 설명과 함께 치료 중단에 대한 이야기를 꺼냈습니다. 할아버지는 이미 마음을 굳혔다는 듯 담담하게 받아들였습니다.

할아버지는 연명치료서식을 작성했고, 할아버지의 적극적인 치료를 위한 투약도 모두 중단되었습니다. 할아버지는 완화병동으로 전동을 가시게 되었고, 저는 지금이 할아버지의 마지막 순간이라는 생각에 작은 것 하나하나가 조심스럽고 마음이 쓰였습니다. HFS의 습기와 식은땀으로 인해 안경이 자꾸 김이 서리고 흘러내렸습니다. 가족들과 회사 사람들에게 해줄 이야기를 적느라 바쁘게 노트북을 두드리는 할아버지를 위해 몇 번이고 안경을 닦아드리고 HFS를 다시 고정해드렸죠. 어느 순간 할아버지께서 입을 여셨습니다.

"그동안 너무 고마웠어요. 병원이 아닌 곳에서 만났더라면 더 좋았을 거야. 내 마지막을 이렇게 도와줘서 너무 고마워요. 간호사는 참 아름다운 직업이네요. 이제 안경 그만 닦아줘도 될 것 같아요. 그만 벗어야 할 때가 온 것 같거든."

할아버지는 가족들과 함께 전동을 갔습니다. 보내드리고 나니 할아버지를 봐드리고 살피느라 못한 업무와 추가 오더가 한가득이었죠. 못한 일들이 태산이었지만 그간 제 간호사 생활에서 할아버지와의 시간은 그 어느 때

보다도 치열하고, 바쁘고, 열심히 일했던 순간이었습니다.

언젠가부터 '간호'를 그저 일로밖에 생각하지 않았던 저에게 9번 할아버지와의 3일은 반성의 시간이었습니다. 의식이 없어 볼 수도 들을 수도 없다는 이유로 다소 더러워진 환의를 못 본 척했던 것도, 불편해 보이는 자세를 못 본 척했던 것도. 간호사로서 환자들을 환자이기 전에 나와 똑같은 사람으로서 존중하고 대접했어야 했음을 다시 한 번 깨닫게 되었습니다. 할아버지의 말씀을 기억하며 질병과 치열하게 싸우면서 노력하고 고통스러워할 우리 환자들을 위해 마음을 담아 일하겠노라 다짐했습니다. 간호사가 그들을 돕는 아름다운 직업임에 자긍심을 느끼면서요.

다음 날 전 저희 중환자실에서 2년 동안 무의식 상태로 전혀 움직이지 못하는 환자의 담당 간호사로 배정되었습니다. 매번 봤던 환자였음에도 다르게 느껴졌습니다. 얼굴을 바라보다가 처음으로 할아버지의 뻣뻣한 손을 잡으며 이름을 불러봤습니다. 제 착각일 수도 있겠지만…… 정말로, 진짜 할아버지의 손가락이 아주 살짝 움직였던 것 같기도 합니다.

2018년 직원 에세이 선정작

김정임 / 희귀질환센터(전 신생아중환자실간호파트)

기적을 보았습니다

2015년 가을. 채 2kg도 되지 않은 작고 귀여운 아기가 신생아중환자실에 입원했습니다. 35주 미만에 1.8kg 미만인 아픈 아기가 신생아중환자실에 입원하는 것은 놀랄 일이 아니에요. 대부분의 아기들이 작은 몸으로 인해 입원을 하는 것은 일상적인 일이지만 우리는 늘 걱정스럽고 안타까운 마음이었습니다.

일찍 태어난 아기가 작은 몸으로 우리에게 올 수밖에 없었던 이유는 바로 엄마 때문이었어요. 엄마는 난소암 말기 환자로 임신과 동시에 암이라는 사실을 알게 되었고, 아기와 자신 중에 아기를 먼저 생각해서 자신의 치료를 늦추며 지금까지 버텨왔던 거예요. 하지만 더 이상 치료를 늦출 수 없기에 아기를 조금 일찍 출산하게 되었죠. 34주라는 시간 동안 힘든 시기가 많았을 텐데도 엄마이기 때문에 그 고통의 시간을 버틸 수 있었을 거예요.

아기는 비교적 건강한 모습으로 우리에게 왔어요. 하지만 엄마는 난소암이 이미 다른 장기로 퍼져 예후가 좋지 못한 상태였죠. 함께할 수 있는 시간이 얼마 남지 않았다고 했습니다. 엄마는 수술로 인해 아기를 보지 못했고, 아빠가 먼저 아기를 보게 되었는데 하염없이 눈물을 흘리고 있었습니다. 그 마음을 충분히 이해할 수 있기에 다가가 위로의 말을 건네는 것도 조심스럽고 어려웠어요.

다음 날 엄마와 처음으로 마주했습니다. 엄마는 의외로 씩씩했으며, 누구보다 긍정적이었어요. 엄마여서일까, 눈물을 보이기보다는 웃음으로 아기와의 첫 만남을 축하했습니다. 대부분의 엄마들은 아기와의 첫 만남 때 자신 때문에 아기들이 중환자실에 입원했다고 생각해서 아기들을 보면 눈물을 흘리면서 미안해합니다. 그럼 우리는 그때마다 이렇게 말씀드려요.

"절대 엄마의 잘못이 아니에요. 그리고 지금부터는 아기에게 긍정적으로 얘기하고 힘을 주셔야 해요. 그래야 아기가 빨리 건강을 되찾을 수 있어요."

이런 말들로 엄마들을 위로하곤 하는데, 그분에겐 그럴 필요가 전혀 없었어요. 어떤 엄마보다도 강해 보였고, 그 누구보다도 긍정적이었기 때문이에요.

그런데 얼마 후, 아기의 난소가 잘 보이지 않는다는 진단이 떨어졌고, 그 이유가 엄마의 호르몬 영향으로 인한 것을 알게 되었어요. 그러자 엄마는 하염없이 눈물을 흘렸어요. 지금까지 강했던 그녀가 그렇게 슬피 우는 건 처음이었어요. 내가 해줄 수 있는 것이라고는 손을 잡아주고, 어깨를 내어주는 것밖에 없어서 너무나도 안타까웠죠.

우리는 며칠 동안 면회시간에 함께 희망을 이야기했어요. 다행히 얼마 지나지 않아 그녀는 다시 예전의 긍정적인 모습으로 돌아왔어요. 앞으로 더욱 열심히 세 명의 아이와 남편을 위해 노력할 것이라고 했어요. 시간이

많이 흘러 방사선치료조차 할 수 없는 상태였지만, 그녀는 꾸준히 항암요법을 받으면서 잘될 거라는 희망을 버리지 않았어요. 그녀는 임신 때문에 치료를 못 받았다고 아이를 원망하기보다는 임신으로 인해 암이라는 사실을 알게 되었다고 아기에게 감사하다고 했습니다.

그리고 아이들을 위해, 가족을 위해 희망을 버리지 않아서일까요. 1년이 지난 어느 날 중환자실 인터폰에 낯익은 그녀의 얼굴이 보였어요. 반가운 마음에 밖으로 나가 인사를 했어요. 그리고 그녀는 나를 보자마자 대뜸 이렇게 얘기했죠.

"선생님! 저 2기로 바뀌었어요."

그녀의 갑작스러운 말에 머리를 얻어맞은 것처럼 아무 말도 하지 못하고 그 자리에 얼어붙었습니다. 잠시 후 정신을 차린 나는 아무 말 없이 그녀를 꼭 끌어안아주었어요.

방사선치료조차 할 수 없는 상태였는데, 정말 기적과 같은 일이 일어난 거예요. 너무 기쁜 마음에 결과를 듣자마자 달려왔다고 했죠. 그녀의 들뜬 모습에 나 역시 얼마나 마음이 벅차오르는지 눈물이 흐르는 걸 참기가 어려웠습니다.

그리고 또 한 가지 희소식이 있었어요. 난소가 보이지 않아 난감했던 아기의 난소가 별 문제 없이 잘 있는 것을 확인했으며 건강하게 잘 크고 있다고 했어요. 엄마와 아기의 건강이 무사해서 너무 다행이었어요. 기적은 나와는 상관없는 일이라고 생각했는데, 이렇게 내 두 눈으로 확인을 하다니 믿기지가 않았어요. 아마도 희망과 긍정적인 마음이 기적을 만든 원동력이라 생각합니다. 그 후 몇 년이 지났지만, 여전히 그녀는 세 명의 아이와 남편과 행복하게 잘 지내고 있어요.

신생아중환자실 아기들과 엄마의 기적을 빌며 오늘도 나는 희망을 얘기해봅니다. 희망이 싹트는 신생아중환자실에서 나는 기적을 보았습니다.

chapter 2

병원을 기억하기

분당서울대학교병원은 환자중심, 환자경험에 집중한
여러 가지 조사와 개선활동을 지속하고 있습니다.
2016년부터는 자체 조사결과를 바탕으로 환자경험 측면에서
개선이 필요한 요소를 선정하여 환자가 방문하는 여정을 따라 관찰과 촬영,
인터뷰와 점검, 분석과 관련부서와의 공유 그리고 개선활동까지
일련의 과정을 진행하고 있습니다.
환자의 외래진료 또는 검사, 입원, 수술 또는 시술 등
단편적인 한두 개의 경험만으로 좋거나 또는 나쁘게 기억되지 않습니다.
처음 콜센터에 전화로 예약을 하고
병원에 주차 후 외래진료 또는 검사를 받거나, 입원치료를 하고
퇴원을 위한 수납과 서류발급 후 귀가하기까지의
모든 여정과 경험이 모여 '나의 병원경험'으로 기억됩니다.

환자의 눈높이에서 바라보기

직접 환자를 만나 크고 작은 경험과 에피소드를 들었습니다.
환자가 들려주는 수많은 이야기들 중
불편사항에 더 많은 관심으로 귀기울였습니다.

환자의 시선으로 바라보다

그렇게 환자를 마주 바라보던 시선을,
환자가 보는 시선으로 바라보게 되었습니다.

SEED SNUBH Emotional Experience Design 분당서울대학교병원 통합환자경험디자인

환자의 시선으로 병원을 바라보고,
불편했던 순간들을 직간접으로 체험하여
환자경험의 핵심요소들을 찾아냅니다.
환자의 불편했던 정서에 집중해서 그 여정마다
의료진의 실제적인 의견을 듣고 현실적인 대안을 찾아가는 과정입니다.
의료진의 손과 입에서 전해지는 의료서비스의 프로세스와
그 과정마다 환자가 느끼는 정서적 요소들까지,
환자와 의료진의 목소리를 쫓아가며
우리의 경험을 하나씩 디자인해가는 기분 좋은 변화,
SEED라 부르고 그렇게 SEED를 심고 있습니다.

VoC Voice of Customer

환자의 불편했던 이야기에서 뿌리내린 SEED의 열매,
개선사례를 따라가보겠습니다.

병원의 시선이 환자와 함께
같은 곳을 바라보다

2015. 비뇨의학과 외래환자

(63세, 남) VOC

예민한 수술이라 대놓고 물어보기가 어려워요

최근에 비뇨기 쪽이 불편해서 교수님께 진료를 받고 여러 가지 검사 후에 수술을 받았습니다. 수술 후에 경과가 좋아서 일상생활을 하는 데 많이 편해졌습니다. 사실 몇 년 전까지만 해도 전립선비대증은 저보다 나이가 훨씬 많은 노인들이나 앓는 병이라고 생각했었죠. 가끔 지하철 화장실에서 노인분들이 소변이 나오지 않아 쩔쩔매는 것을 여러 번 목격했거든요.

그런데 이제는 제가 그런 증상을 겪으니까 황당하기도 하고, 누구에게 물어보기도 창피해서 한동안 혼자 끙끙 앓아왔습니다. 병원을 찾아가기에는 자존심이 상해서 음식으로 좀 고쳐보자는 생각에 전립선에 좋다는 것들을 열심히 찾아 먹었습니다. 하지만 증세는 여전했고, 밤마다 화장실을 들락거리는 횟수가 점점 더 늘어났습니다.

또 소변이 마려울 때면 어찌나 참기 힘들던지 주변에 화장실이 없을 땐 무척 곤혹스러웠습니다. 결국 얼마 전엔 차를 몰고 친척 장례식에 가는 도중에 갑작스럽게 소변이 마려워서 길가에 급정차를 하고 낯선 건물로 뛰어들어가 화장실을 겨우 찾아 해결했습니다. 조금만 늦었다면 실수를 할 뻔한 아찔한 순간이었습니다.

상황이 이렇다 보니 일상생활도 너무 힘들고, 더 이상 방치하면 증상이 더 심해질 것 같아 부랴부랴 분당서울대학교병원을 찾아 수술을 받게 되었습니다. 수술 후 그동안 불편했던 증상들이 거의 사라졌으며, 일상생활을 하는 데도 문제가 없을 정도로 많이 좋아졌습니다. 지금 생각해보면 진작 병원에 갈 걸 왜 그렇게 고집을 부렸나 싶어 후회가 들곤 합니다.

그러나 병원 진료부터 퇴원할 때까지 몇 가지 아쉬운 점이 있어서 이렇게 글을 남겨봅니다. 먼저 외래진료를 예약하고 SMS를 받았는데, 거기에 진료실 위치가 나와 있지 않아서 한참을 헤맸습니다.

생각해보십시오. 분당서울대학교병원이 좀 큽니까. 이렇게 큰 병원을 처음 찾는 입장에선 어디가 어딘지 몰라 헤맬 수밖에 없죠. 나름대로 길을 잘 찾는 사람이라고 자부했건만 워낙 병원이 크다 보니까 다람쥐 쳇바퀴 돌 듯 같은 층을 빙글빙글 돌았습니다. 지나가는 사람들에게 물어봐도 위치를 잘 모르겠다고 하지, 진료 예약시간은 점점 다가오지, 마음이 초조해지니까 갑자기 소변이 마려워서 무척 애를 먹었습니다.

또 진료 대기시간은 왜 이렇게 길던지요. 진료실 앞에 앉아서 기다리는 시간이 무척 지루했습니다. TV에서는 비뇨기 쪽하고는 전혀 관련 없는 관절에 관한 내용만 계속해서 나왔어요. 이해가 가지 않았습니다. 비뇨기 쪽이면 그쪽에 관련된 내용을 틀어주던가 아니면 비뇨기에 관련된 책자나 팸플릿을 더 많이 비치해주어야 하잖습니까. 1:1 맞춤식 정보 제공은 아니더라도 최소한 그곳을 찾은 환자들 상황에 맞게 정보를 제공해주는 게 기본 아닐까요?

그리고 진료실에서는 의사선생님께서 구체적인 설명 없이 듣기에 민감

한 단어를 사용하셔서 불안감이 더 커졌습니다. 아마도 제 증상에 대해 신중하게 접근하려고 그렇게 말씀하신 것 같긴 합니다만, 듣는 환자의 입장에서는 엄청난 부담으로 다가왔습니다. 환자들에게는 의사선생님의 한마디 한마디가 굉장한 영향을 미칩니다. 희망을 갖게도 하고 절망을 느끼게도 하니까요. 따라서 환자들에게 설명해주실 때 환자들이 알아듣기 쉬운 표현으로 친절하고 상세하게 설명해주셨으면 좋겠습니다.

저의 쓴소리가 분당서울대학교병원의 발전에 조금이나마 도움이 되었으면 하는 마음에서 적었습니다. 앞으로도 더 나은 의료서비스를 위해 발전하는 모습을 기대하겠습니다.

이렇게
개선했습니다

일상으로의 건강한 회복을 돕기 위해 작은 소리에도 귀기울이겠습니다!

병원에서는 매년 전화조사와 무인수납기KIOSK의 실시간 조사결과를 바탕으로, 환자의 니즈를 파악하고 불편사항을 찾아내어 개선활동을 실시하고 있습니다. 환자의 연도별 경험의 추이를 분석하던 중 많은 환자분의 니즈에 따라 2015년 12월, 비뇨의학과 외래진료 환자를 대상으로 집중면담 조사를 진행했습니다. 수술 경험이 있고 외래진료로 3년 이상 방문하고 계시는 환자와 보호자를 만나 비뇨의학과 외래진료 경험을 중점적으로 들여다보게 되었습니다.

애정 어린 많은 의견과 제안내용을 들으며 비뇨의학과 환자여정의 포인트마다 불편했던 경험을 공감할 수 있었습니다. 그렇게 중장년층이 대다수인 비뇨의학과 환자들의 현실적인 불편사항을 찾아내어 개선의 주요 포인트로 삼게 되었습니다.

그중 진료안내용으로 발송되는 문자메시지SMS에 외래진료실의 위치 안내가 없어 진료실을 찾기가 어렵다는 의견을 반영하여 관련부서원무팀의 적극적인 개선을 통해 안내문자메시지에 진료과의 위치동 구분과 층수 표기를 삽입하고, 비뇨의학과를 비롯한 외래진료과에서 다음 진료안내와 함께 진료장소를 강조하여 설명하고 있습니다.

비뇨의학과는 1동 2층 코너에 위치하고 있어 진료실 위치안내 표지가 잘 보이지 않는다는 의견 또한 반영하여 환자맞이 방향으로 접수 행잉표지를 변경했습니다. 비뇨의학과 외래진료 공간의 진료실과 검사실의 위치번호도 환자동선을 고려하여 재배치하고 기능에 따른 명칭을 게시하여 찾기 편한 진료공간으로 디자인되었습니다. 또한 고령의 환자를 위해 탈의실에 안전바와 소파를 두어 안전한 탈의와 검사가 이뤄지도록 세심한 부분까지 환자의 의견을 담아내고자 노력했습니다.

진료를 기다리는 동안 읽을거리나 정보 제공이 부족하다는 의견 또한 많은 부분을 차지하여 대기공간 전면에 질환과 관련된 정보의 리플릿을 비치하여 환자의 궁금증을 해소하기 위해 노력하는 한편, 과내 검사실의 검사정보를 제공하여 진료와 검사를 대기하는 동안 생기는 불안과 초조함을 조금이라도 덜 수 있도록 하였습니다.

아울러 진료 특성상 소변검사가 많은 불편사항을 해소하고자 채혈, 채뇨 시에 3개의 검체통을 담을 봉투와 검사에 대한 사전설명 등 비뇨의학과 환자의 민감한 부분까지 배려하는 채혈실의 검사안내와 봉투 제공, 검체 선반 준비 등의 개선활동도 함께 진행되었습니다. 환자경험을 따라가는 일련의 개선활동은 비뇨의학과만의 활동을 넘어 환자경험을 중심으로 연관된 부서의 적극적인 관심과 지원활동으로 가능했습니다.

앞의 사례처럼 예민한 질환과 검사방법을 고려하여 진료면담 중에 환자의 치료과정에 대한 주요사항을 명확히 설명하는 프로세스를 공유했습니다. 아울러 과내 설명회와 교육 등을 활용해 환자를 배려하는 공감대화를 나누며 치료과정에 보다 적극적으로 환자가 참여할 수 있도록 돕고 있습니다.

이러한 작은 노력과 변화에도 진료를 경험한 환자의 만족도가 높아지고 있는 추세이며, 비뇨의학과는 환자가 한 글자, 한 글자 눌러쓴 따뜻한 감사의 메시지가 가득 담긴 칭찬카드로 돌려받고 있습니다.

"검사가 힘들어서 환자들이 불편하신 거 아닐까요?"라는 직원들의 예상과는 달리, "검사는 원래 힘든 거 알아요. 왜 하는지 어떻게 하는지 등을 알고 싶어요."라는 환자의 주요 니즈의 차이를 인정하고, 그 간극을 좁혀 궁극적으로 일치시키는 과정을 반복하고 있습니다.

비뇨의학과 전 의료진을 비롯한 분당서울대학교병원은 우리의 환자를 이해하는 것을 시작으로, 의료진의 실제적인 도움과 배려가 맞닿을 수 있도록 지속적으로 노력할 것입니다.

환자분들이 일상으로 건강하게 회복하도록 돕는 것, 이것이 분당서울대학교병원이 추구하는 최고의 가치이기 때문입니다.

2015. 채혈실 검사환자

(59세, 여) VOC

피검사가 시작이잖아요 너무 무서워요!

진달래와 개나리가 활짝 피어난 봄, 저희 부부는 긴 아파트 생활을 청산하고 노년을 평온하게 보내기 위해 용인에 있는 전원주택으로 이사를 왔어요. 창문을 열면 보이는 탁 트인 전망과 빽빽하게 자란 나무와 풀……. 남편은 평생의 꿈을 이뤘다며 좋아했지만, 솔직히 저는 도심과 멀리 떨어져 있는 게 못내 아쉬웠죠.

아무래도 산 중턱에 위치한 한적한 동네이다 보니 문화생활이나 쇼핑을 하려면 반드시 차로 움직여야 했어요. 무엇보다 나이가 드니까 큰 병원과 가까운 곳에 살았으면 하는 마음이 간절했거든요. 또 크게 다치기라도 하면 병원까지 이동하는 데 너무 많은 시간을 뺏길 것이고, 만일 돌발 상황이라도 발생하게 되면 빠르게 대처하기가 힘들잖아요.

그래도 아침부터 지저귀는 새들과 들판에 흐드러지게 피어난 들꽃을 바라보고 있노라면, 몸과 마음이 차분해지고 더욱 건강해지는 것 같아서 도심에서 멀리 떨어져 있다는 아쉬움을 달랠 수 있었어요. 새집에 좀 더 애정을 가져보려고 집 꾸미기와 대청소를 시작했어요. 방마다 예쁜 커튼도 새로 달고, 침대 시트와 베개 커버도 새로 바꾸고 겨우내 입었던 옷을 다 끄집어내어서 빨래했어요. 원체 깔끔한 걸 좋아하는 성격이라서 하루에 한 번은 꼭 1층부터 2층까지 구석구석 대청소를 했어요.

남편은 뭘 그렇게 서두르느냐며 천천히 하라면서도, 제가 도와달라면 약속 있다면서 휑하니 밖으로 나가버렸어요. 할 수 없이 혼자서 한 달 가까이 하루도 쉬지 않고 하다 보니까 몸이 확 축나버리더라고요. 한 이틀 누웠다가 일어나면 되겠지 싶었지만 한 번 축나버린 몸은 잘 회복되지 않았어요. 식욕부진에 소화불량, 급격한 체중감소와 시력저하 등 온몸에 안 아픈 곳이 없었어요.

남편은 갑자기 환경도 바뀌고 무리해서 그런 거라며 별거 아니라는 듯 얘기했어요. 저도 같은 생각이라 일주일 동안 입맛이 없어도 억지로 식사를 하고, 하던 일을 모두 내려놓고 푹 쉬었어요. 그럼에도 불구하고 도무지 증상이 나아질 기미가 보이지 않더라고요. 몇 날 며칠 고민하다 이래선 안 되겠다 싶어 급히 분당서울대학교병원을 찾았어요.

의사선생님은 제 증상을 다 들으시더니 일단 피검사부터 하자고 그러시더라고요. 혹시 몰라 전날 밤부터 금식을 했더니 바로 피검사를 할 수 있게 되었죠. 진료실 밖에서 기다리고 있던 남편과 함께 1층에 있는 채혈실로 갔어요. 채혈실 선생님은 무심한 듯 제 이름을 확인하며 책상 위로 알록달록한 용기들을 내려놓았어요. 한두 개도 아니고 무려 네 개씩이나요.

"어머! 이걸 다 뽑아요? 이만큼 뽑으면 쓰러지는 거 아니에요?"

"괜찮아요. 보기보다 적게 뽑아요. 따끔합니다."

채혈실 선생님은 하나도 아프지 않게 주사바늘을 찔러 피를 뽑아주셨어요. 지혈을 하느라 잠시 채혈실 밖에 앉아 있는데 남편이 불쑥 이렇게 묻더라고요.

"무슨 검사를 하는데 피를 그렇게 많이 뽑았어?"

"몰라. 의사가 뽑으라니까 뽑는 거지 뭐."

생각해보니, 남편이 물어보기 전까지도 저는 어떤 검사를 하기 위해 피를 뽑는지, 또 얼마나 뽑는지 아무것도 모른 채 피를 뽑았고, 피를 뽑은 후 다음 진행사항에 대해 전혀 몰랐더라고요. 집으로 돌아오는 길에 검사를 잘 받고 돌아가는 건지, 혹시 빠뜨린 건 없는지 잘 모르겠어서 더 걱정이 되었어요.

아마 저처럼 채혈실이 생소한 환자가 많을 거예요. 채혈이 검사의 시작이잖아요. 바쁘시더라도 채혈 이후의 검사와 앞으로 어떻게 진행되는지 자세하게 설명해주셨으면 좋겠어요.

이렇게
개선했습니다

무서운 피검사 NO!
다음 검사도 챙겨주는 '안심 채혈서비스'

피검사는 어느 병원이든 환자들 대부분이 경험하게 되는 일반적인 검사 중 하나입니다. 진료와 치료를 위한 검사의 시작인 피검사 즉 채혈을 시작으로 다른 검사와 진료를 하게 되므로 병원경험의 출발이라는 측면에서 매우 중요한 포인트가 됩니다.

분당서울대학교병원 채혈실은 실패율이 거의 없을 만큼 실력 있는 검사자들이 많아 매우 신속하고 정확한 채혈로 환자들의 신뢰가 두텁습니다.

채혈실 앞은 매일 아침 7시부터 검사를 기다리는 환자들로 북적입니다. 아주 짧은 시간 채혈을 하고 혹은 채뇨를 겸하기도 하고, 이어지는 다른 검사로 이동하게 되지만 채혈실에서의 이러한 잠깐의 경험이 병원의 첫인상으로 자리 잡는 경우가 많습니다.

"피검사 와서 번호표를 뽑았는데, 수납이 안 되어서 채혈이 안 된다잖아요. 진작 좀 알려주지, 또 언제 기다리라고."

병원의 모든 검사는 수납이 완료되어야 진행이 가능합니다. 간혹 검사 전에 수납하는 것을 잊거나 오래전에 검사가 예약된 환자들 중에는 검사에 임박해 수납을 하지 않은 것을 알게 되어 당황하는 일이 종종 일어나곤 합니다. 또한 채혈실 앞 현황판에 채혈순서를 알리는 번호표가 순차적으로 업데이트되고 빠르게 채혈실 입실환자와 대기환자 순서까지 올라가고 있으나, 예상 대기시간을 어림잡을 수 없는 환자들은 이 또한 불편하게 느껴집니다.

2015년 5월, 채혈실 이용 환자를 위한 관찰과 인터뷰를 진행하여 핵심적인 환자의 니즈를 파악하고 개선활동이 진행되었습니다. 불편을 일으키는 부분을 시스템적인 측면과 정보 제공의 측면으로 구분하여 정리해보면 이렇습니다.

먼저, 채혈실 앞 스마트 번호표발급기에서 환자정보 입력 후 채혈검사 번호표를 발급하고 있습니다. 이때 수납여부까지 확인하여 번호표를 발급하고 있어, 검사순서가 된 이후 수납을 해야 하는 난감한 상황을 사전에 방지하고 있습니다. 혹 수납이 안 된 환자들은 수납여부를 확인하여 채혈실 바로 앞에 비치되어 있는 무인수납기에서 검사를 위한 수납을 하고 채혈검사 번호표를 받아서 검사를 받을 수 있는 시스템으로 개선되었습니다. 이제 수납여부와 관계없이 번호표만 발급되어 뒤늦게 원무팀 수납창구까지 달려가야 했던 불편함이 상당 부분 해소되었습니다.

다음으로는 기존 채혈순서만 표시되던 채혈순서 현황판이 빠르게 진행되는 채혈 속도에 맞춰 대기번호를 더 많이 확인할 수 있도록 했습니다. 현황판에 업데이트되는 번호를 확인하며 대기시간을 예측할 수 있어 막연한 기다림이 어느 정도 해소되어, 순서를 놓칠까 불안했던 부분이 많이 줄었다는 환자들의 의견을 들을 수 있었습니다.

그 외에도 피검사를 무서워하는 소아환자의 채혈을 위해 공간을 분리하여 따뜻한 분위기를 만들고, 채뇨환자를 위한 채뇨안내 프로세스도 간편하게 개선하여 채혈실을 이용하는 환자들에게 보다 좋은 인상을 주게 되었습니다.

"나환자 님, 오늘 검사하는 항목은 ○○○입니다. …… ○○를 위해 검사하셨고요. 결과는 진료 보시면서 확인하실 수 있습니다. 그리고 피검사를 마치시면 엑스레이 검사가 있네요. 나가셔서 오른쪽으로 돌아가셔서 영상의학과에서 검사받으세요."

채혈과 채뇨검사만 하고 진료를 보는 환자들도 있지만, 대부분의 환자들은 영상검사와 생리기능검사 등 다른 검사실 즉 타과 검사를 병행하는 경우가 많습니다. 물론 검사실이 채혈실 주변에 있으면 안내가 쉽겠지만, 그렇지 않은 경우는 직원들도 해당 위치를 잘 모르기 때문에 환자들이 위치를 물어오면 금세 난처해지곤 합니다. 이와 더불어 공복채혈을 마친 환자가 다른 검사를 남겨둔 상태에서 식사를 해도 되느냐는 질문은 채혈실 직원이 가장 난감해하는 질문 중 하나입니다.

채혈실에서는 타과 검사가 있는 경우, 해당 검사를 구두로 다시 한 번 설명하고, 공복채혈 후 식사 가능여부를 묻는 경우를 대비해서 타과 검사에 대한 금식여부를 채혈실 화면마스터에 추가했습니다.

기존에는 타과 검사에 대한 정확한 정보를 설명하기 어려워 해당 진료과로 이동하여 안내를 받든가 아니면 중앙안내데스크에 재방문해서 안내를 받아야 했는데, 개선활동 이후 채혈 후 식사 가능여부를 안내할 수 있게 되어 환자와 보호자의 불편함을 해결할 수 있게 되었습니다.

무엇보다 '피검사'라는 무서운 검사를 준비하는 환자들은 잔뜩 긴장된 상태로 검사대에 앉게 됩니다. 짧은 시간이라도 편안하게 맞이해주는 검사자들을 만나게 되면 그러한 긴장감은 금세 누그러지곤 합니다. 환자 이름을 부른 후 밝은 인사를 건네며 환자를 확인하고, 피검사의 목적과 채혈양도 예상할 수 있도록 안내하는 채혈 전 안내강화와 함께 환자의 다음 검사나 진료일정을 확인하여 이후 방문해야 할 검사장소나 진료장소까지 안내하는 채혈 중 활동은 '따뜻한 채혈 디자인' 활동으로 자리 잡았습니다.

피검사를 시작으로 불안감과 궁금증을 해소하고 누락되는 검사가 없도록 배려하는 친절 그 이상의 안심검사가 채혈실을 시작으로 빠르게 확산되고 있습니다.

2016. 이비인후과 외래환자

(44세, 남) VOC

진료시간이 다 되어가는데, 주차를 하지도 못하고!

사흘간 내리던 지긋지긋한 봄비가 그쳤어요. 그리 화창하지는 않아도 구름 사이로 아침 햇살이 살짝 고갤 내밀었어요. 창밖으로 보이는 나뭇잎이 봄바람에 살랑살랑 춤을 추듯 흔들리고 있었고, 나는 신선한 공기가 맡고 싶어 베란다 문을 활짝 열었어요. 가슴을 열고 있는 힘껏 아침 공기를 들이켰죠. 켁! 켁! 향긋한 봄내음 대신 콧속에 가득 들어차 있던 콧물이 목구멍으로 넘어왔어요.

맞아요! 내 콧속에는 종양이 있어요. 얼마 전부터 코가 꽉 막히고, 숨쉬기가 괴로워서 동네병원에 갔더니 종양이 의심된다면서 큰 병원에 가보라며 진료의뢰서를 써주었어요. 사실 처음엔 재채기나 콧물이 조금 나서 단순한 알레르기 비염이겠거니 하고 대수롭지 않게 생각했어요. 하지만 시간이 지날수록 코 막힘이 심해지고 코피가 자주 났어요.

상황이 이렇다 보니 코로 숨 쉬는 것이 힘들어 입으로 호흡을 해야만 했어요. 하지만 여기서 끝이 아니었죠. 입으로 계속 숨을 쉬다 보니 이번엔 입안이 바짝바짝 말랐고, 또 물을 자주 마시다 보니 수시로 화장실을 들락날락할 수밖에 없었어요. 결국 일상생활을 하기가 너무 힘들어서 회사에 병가를 내고 진료예약 날짜가 오기만을 손꼽아 기다렸죠.

드디어 진료 받으러 가는 날. 콧속은 답답했지만 진료를 받으면 뭔가 해결되겠지 싶어 오히려 홀가분한 마음까지 들었어요. 오전 10시 예약시간에 맞춰 차를 몰아 병원에 도착했어요. 그런데 주차장 입구에서부터 차들이 밀려 있는 게 아니겠어요. 시계를 보니 진료시간까지 여유시간이 십 분밖에 남지 않아 갑자기 초조해졌죠.

'아이고! 주차시간까지 염두에 뒀어야 했는데 그걸 깜빡했다.'

병원이 크니까 당연히 금방 주차하겠거니 생각했는데, 그건 완전한 착각이었어요. 주차시간을 계산하지 않은 내 자신을 탓하며 차례를 기다렸어요. 하지만 앞선 차들은 좀체 줄어들지 않았어요.

'큰일 났네. 이러다 진료를 받지 못하는 거 아냐?'

초조함에 자꾸만 시계를 확인했어요. 잠시 후 주차요원이 이리 오라 손짓했어요. 반가운 마음에 차를 몰아 그쪽으로 갔더니 병원 건물에서 멀리 떨어진 지상주차장으로 가라는 거예요!

"저기, 진료예약 시간이 얼마 안 남아서 지하주차장으로 가야 해요. 지하로 갈게요."

"죄송합니다. 지금 지하주차장으로 내려가시면 주차가 힘듭니다. 지상

주차장이 여유가 있으니까 지상으로 이동 부탁드립니다."

당연히 무슨 말인지는 알아들었지만 시간의 압박 때문에 사정하듯 부탁했어요. 하지만 주차요원의 대답은 한결같았어요. 이제 5분 남았는데! 입이 바짝바짝 탔죠. 주차요원은 계속해서 지상주차장을 가리켰지만, 그래도 차 한 대 댈 데는 있겠지 싶어 냅다 지하주차장으로 내려갔어요. 그런데 지하주차장엔 주차하려는 차들로 꽉 막힌 채 이동조차 힘들었어요.

'아니, 무슨 백화점 세일 기간도 아니고 이게 도대체 무슨 일이야!'

갑자기 짜증이 확 밀려왔어요. 주차요원들의 손짓에 따라 차를 이동해 보았지만 역시나 계속 빙글빙글 돌 뿐이었죠. 이러다가 진짜로 진료시간을 놓쳐버릴 것 같아서 한숨만 나왔어요.

'이런 상황이라면 아예 지하로 못 들어가게 주차장 입구를 막아버렸어야 하잖아!'

분명히 내가 자초한 일인데도 애꿎은 분들을 원망했어요. 결국 예약시간보다 15분 늦게 도착했지만 다행스럽게도 간호사님의 배려로 무사히 진료를 받을 수 있었어요. 이후 정밀진단을 통해 콧속에서 종양이 발견되었고, 수술을 통해 깨끗하게 제거했어요. 덕분에 지금은 콧물도 안 생기고 숨쉬기가 너무 편해요. 그동안 못 맡았던 봄내음과 맛있는 음식 냄새도 실컷 맡고 있어요.

분당서울대학교병원을 찾는 분들은 다들 이런 생각을 하실 거예요. 설마 병원이 이렇게 큰데 지하주차장에 내 차 하나 주차할 데가 없겠어, 라고. 주차장은 진료를 받기 전에 가장 먼저 찾는 장소예요. 내원객들이 나와 같은 일을 당하지 않도록 개선이 필요하다고 생각합니다.

물론 주차시간까지 꼼꼼하게 계산하고 오는 분들이 많겠지만, 나처럼 대충 예상하고 찾아오는 분들도 분명히 계실 거예요. 그래서 주차요원들을 더 적극적으로 배치해주시고, 현재 주차장이 어떤 상황인지 한눈에 파악할 수 있는 현황판을 곳곳에 설치해주었으면 합니다.

이렇게
개선했습니다

병원에 들어오는 게
이렇게 힘들 줄이야!

2016년 즈음, 주차 관련 불편사항은 병원을 방문하는 모든 환자를 위한 중점 개선내용입니다. 이를 위해 진료가 가장 많은 월요일부터 수요일까지 총 4차례에 걸쳐 아침 첫 진료에 맞춰 주차장을 체험하고 관찰을 시작했습니다. 아침 9시경 병원 인근 3군데에서 출발하여 다른 환자들의 차량과 함께 병원 주차장을 향하는 많은 대열에 섞여 병원에 진입했습니다. 자연스레 환자의 시선으로 병원의 주차 관련 정보와 안내 등을 찾게 되었습니다. 아침 8시 40분부터 약 30분 간격으로 진입을 시도했고, 10시경 차량 이동이 가장 어려운 것을 경험할 수 있었습니다.

발견된 불편사항을 요약하면 병원 진입 전 주차장 현황판의 부정확한 정보 표출, 병원 입구 신호대기와 진입차선에 대한 혼선, 주차요원의 안내위치, 지하주차장 입구 안내판과 진입로 현황판의 정보 불일치 등을 발견할 수 있었습니다. 즉시 관련부서 총무팀, 홍보팀 등와 공유하고, 신속한 협조와 정비작업으로 병원 진입로의 주차장 현황판의 실시간 정보 업데이트, 신호대기 안내 재정비, 1차선의 좌회전 차선 우선 진입과 지하주차장 입구 주차안내판의 정보 업데이트 등 물리적인 개선이 발 빠르게 이뤄졌습니다. 더불어 내원객의 주차편의를 위한 주차요원의 안내위치 조정 등 다

각도의 개선이 동시에 진행되었습니다.

병원의 적극적인 활동이 환자의 시선으로 신속히 진행된 의미 있는 개선이 되었습니다.

'이비인후과 외래진료는 진료, 과내 검사, 입원상담과 동의서까지, 환자중심 팔방미인'

진료를 받기 위해 병원을 찾는 분들은 대부분 불안한 마음을 안고 오게 됩니다. 그런데 진료를 받기 위한 첫걸음인 주차에서부터 문제가 생기게 된다면 진료도 보기 전에 불편함과 긴장감이 더욱 고조될 수밖에 없을 것입니다. 이에 아침 시간의 환자동선을 정비하기 위해 주차 중심으로 시작된 이비인후과 SEED를 간략히 소개하겠습니다.

"이비인후과 외래는 코, 귀, 목에 불편감을 느끼신 환자분들이 오시는 곳이죠. 과내 검사실을 두고 진료와 검사를 한 번에 진행해서 환자의 불편함을 빠르게 돕고 싶습니다."

2016년 6월 이비인후과 외래의 다양한 직종의 의료진들과 인터뷰를 시작했습니다. 이비인후과는 진료를 보는 의사선생님을 비롯해 운영 간호사 선생님과 설명 간호사 선생님, 입원상담 간호사 선생님, 그리고 과내 검사선생님과 진료를 돕는 선생님까지. 다양한 직종이 함께 환자의 치료영역을 담당하고 있습니다. 그렇기에 치료과정의 중요한 요소마다 직원의 의견은 이비인후과 외래환자 경험을 보다 상세히 파악할 수 있는 소중한 자료가 되어 심도 깊은 직원 인터뷰를 진행했습니다. 이어 '코, 귀, 목'

으로 구분된 환자여정을 촬영하고 관찰하며 개선 이슈를 찾아갔습니다.

그렇게 2016년 여름의 눅눅한 바람이 상쾌한 가을바람으로 바뀌었습니다.

이비인후과 외래환자는 진료접수를 하고 진료와 검사를 위한 대기를 합니다. 이어 진료실에서 진료와 간단한 검사 또는 처치를 받고 진료 후 안내를 들은 후, 과내 검사를 위해 추가수납이 있을 경우 수납하고 다시 대기시간을 거쳐 이비인후과 내에서 검사를 받게 됩니다. 또한 수술이 예정된 환자들은 입원수술 상담을 하고 수술을 위한 동의서를 쓰거나 시술을 받기도 하는 등 다양한 진료와 치료여정을 경험합니다.

이러한 다양한 과정에서 환자는 많은 궁금증이 생길 수밖에 없습니다. 이를 체계적으로 전달하기 위해서는 설명을 위한 역할 구분이 필요했고 이를 위한 개선활동이 업무효율로도 연계되었습니다.

환자의 치료여정 순으로 역할을 살펴보면 다음과 같습니다.

접수 시점 스테이션에서 진료와 검사, 필요한 절차 등의 안내를 시작으로, 운영 간호사 선생님이 외래진료 전반의 상담과 관리, 진료실의 의사선생님이 진료와 처치를 중심으로 환자의 증상확인과 필요 검사의 안내와 향후 치료일정 설명으로 환자의 치료참여를 강화합니다. 환자의 동의서가 필요한 수술이나 시술 등이 생길 경우 전공의선생님이 환자가 동의할 수 있도록 직접 중요사항을 설명하여 환자의 서명을 받게 됩니다. 설명간호사 선생님은 시술 관련 내용과 환자 문의 응대, 진료 전후 안내 시점에는 예약과 수납의 전반적인 안내사항을, 과내 검사실에서는 검사예약과 함께 검사 상황과 환자의 의견 확인, 수술상담실에서는 수술 전 준비와 일정 등 수술에 대한 문의답변으로 역할을 세분화하여 공유하고 강화했습니다.

“좁은 공간에서 진료실만 바라보시는 환자분들을 볼 때면 괜스레 미안함이 생기곤 해요. 진료도 검사도 빠르게 도와드리고 싶은데 맘처럼 되는 것 같지 않아 조바심을 느낄 때가 많아요.”

이상 간단하게 정리된 듯 보이는 일련의 역할 구분에는 실상 많은 활동이 녹아 있습니다. 각 영역별 중점 설명내용을 구분하여 세부적인 프로세스로 재정비하고 관련된 안내문을 제작하여 배포하거나 게시하는 활동 등, 그리고 각 영역의 업무공유와 긴밀한 의사소통까지. 환경과 시스템으로 정비하여 치료여정에 맞춰 세부적인 활동들을 녹여낸 환자와의 내실 있는 만남이라고 표현할 수 있겠습니다.

그중에서 가장 눈에 띄는 측면을 소개하면, 다른 외래진료와 마찬가지로 접수시점에 진료 시작의 경험이 정해진다고 볼 수 있습니다. 이비인후과에서는 다양한 진료여정을 반영하여 접수시점에 진료진행과 관련한 안내가 누락되지 않도록 사전 정보 제공 측면을 강화했습니다. 진료가 예정된 의사선생님과 진료실 방번호, 위치 안내, 진료순서와 함께 예상 진료시간과 추가수납이 필요하거나 바로 청력검사 등이 있는 경우 진료 전의 진행절차까지 안내하는 활동입니다. 이는 누락되거나 지연되는 진료, 치료상황을 사전에 예방하며 환자중심으로 설계된 절차적인 측면을 제대로 알리는 효과를 가져왔습니다.

특히 ‘귀’에 대한 불편감이 있는 초진환자는 진료 대기시간을 줄이기 위해 진료 전 청력검사를 선행하는 프로세스로 진료 전 검사진행 사전안내를 강화하여 진료 전 경험을 디자인했습니다. 이는 환자의 편의를 돕는 활동이기에 프로세스의 올바른 설명과 환자중심의 진료혜택을 정확히 알리는 게 필요했습니다. 또한 과내 검사의 장점을 부각해 환자가 여러 장소로 이동하지 않고 한 곳에서 검사와 진료를 하는 환자중심 프로세스의 측면을 강화하여 불가피한 대기시간을 관리하는 방안을 마련했습니다.

이비인후과 환자의 질환부위별 영상촬영으로 각 영역의 개선활동을 마련하는 한편, 많은 환자가 붐비는 대기공간을 효율적으로 사용하기 위해 '코, 귀, 목'의 진료실을 구분하고 공간을 재배치하여 환자들의 동선을 최소화하고, 진료 대기공간을 구분하였습니다. 이와 함께 진료, 검사, 시술, 수술 등의 치료과정이 모두 진행되고 설명되는 특성을 반영해 궁금한 내용이 많은 환자를 위해 벽면을 활용하여 질환부위별 안내사항을 게시하여 구역별 공간으로 활용되도록 했습니다.

한편, 금요일 오전 유아진료 시 공간을 많이 필요로 하는 점을 개선하기 위해 접수대 앞 공간을 적극 활용해 유아를 동반한 보호자의 편의까지 제공하게 되었습니다.

"진료, 검사, 시술, 입원 등 치료여정에 보다 가까이 보다 세심하게 함께하며 편안히 들을 수 있도록, 가볍게 숨 쉴 수 있도록, 상쾌한 목 넘김이 될 수 있도록 돕겠습니다."

이비인후과는 과내 검사실과 시술실, 입원상담실 등이 모여 있는 특성을 반영해 진료와 검사 등 각 영역별 설명과 구역별 안내를 비롯해, 보다 친화적인 환경을 위한 정비와 정보 제공 등을 쉬지 않고 있습니다.

환자밖에 모르는 이비인후과, 환자중심의 팔방미인으로 한 걸음 더 다가서기 위한 이비인후과의 행보는 아직도 현재 진행 중입니다.

2016. 호흡기내과병동 입원환자

(53세, 여) VOC

"그냥 병원에서 시키는 대로 하면 돼" 했었지만

얼마 전부터 숨소리가 점점 거칠어지더니 급기야 가만있어도 기침이 너무 났어요. 봄이다 보니 황사와 미세 먼지가 심해서 그런가 보다 하고 대수롭지 않게 생각했었죠. 그래서 하루 종일 공기 청정기를 켜고 공기 정화에 좋다는 산세베리아랑 스투키도 사다 심었어요. 실내 공기가 깨끗해지자 제 마음도 한결 나아진 듯싶었어요. 하지만 제 바람과는 달리 끊이지 않는 마른기침으로 잠 못 자는 날이 이어졌고, 숨 쉬는 게 더 불편해졌어요.

혹시 감기인가 싶어 약국에 가서 약을 1주일 정도 먹어봐도 증상이 전혀 호전되는 것 같지 않았죠. 그러다 점심을 뜨는 둥 마는 둥 하다 잠시 까무룩 잠이 들었는데 폐암으로 병원 중환자실에서 인공호흡기를 끼고 있던 아버지가 꿈에 나와서 깜짝 놀라 잠에서 깨어났어요. 갑자기 아버지가 어찌나 그립던지 눈물이 쏟아졌어요. 그러다 갑자기 '혹시 나도?'라는 생각에 가슴이 쿵 내려앉더라고요.

격앙된 감정과 불안감 때문인지는 모르겠지만 가슴이 유독 더 답답하고 숨쉬기가 곤란한 것 같아 급히 분당서울대학교병원 응급실로 향했어요. 미금역을 지나 병원이 가까워질수록 불안감에 가슴이 마구 뛰기 시작했어요. 마치 운동회 날 100미터 달리기 선에 서서 출발 총소리가 나길 기다릴 때처럼 말이죠.

낮인데도 응급실엔 갖가지 사연으로 들어온 환자들로 붐볐어요. 고통에 신음하는 소리부터 바쁘게 뛰어다니는 의료진들 사이로 저는 뭘 어떻게 해야 할지 몰라 지나가던 간호사를 붙잡고 증상을 얘기했어요. 그랬더니 기다리라는 간호사의 대답이 돌아왔어요. 한참을 기다린 후 차례가 되어 제 이름을 불러주셨어요.

드디어 의사선생님을 만나 다시 제 증상을 이야기하고 잠시 뒤 간호사의 안내에 따라 무언가 검사를 했죠. 하지만 검사 후에 또 뭘 해야 하는지 설명을 해주지 않아 답답한 마음을 안고 집으로 돌아왔어요. 병원에만 가면 제 증상의 원인을 어느 정도는 알 수 있을 것이라 기대했었는데 결국 대답을 듣지 못하고 검사만 하고 돌아온 셈이었죠.

결과를 기다리는 동안 집안 분위기는 말이 아니었어요. 남편은 폐렴일 거라며 저를 안심시키며 달래주었지만 눈빛엔 불안함이 그대로 드러나 있었어요. 아이들도 말 한마디도 안 하고 시무룩한 표정으로 밥을 먹었어요. 저는 괜히 밝게 보이려고 애썼지만 혼자만 있는 곳에서는 계속 터져 나오는 마른기침과 함께 두려움이 밀려와 자꾸 눈물이 나왔어요.

아직 결과를 들은 것도 아닌데 제 머릿속은 아버지와 같은 폐암일 수도 있다는 생각들로 가득 찼고 그 당시 아버지의 모습을 떠올리고 폐암에 관련된 정보들을 수집하는 것으로 하루를 보냈어요. 또한 갑자기 생전 하지 않던 걷기 운동을 아침저녁으로 하고, 불안감을 잊기 위해 코믹 영화를 찾아보기도 하는 등 다소 번잡스럽게 스스로를 다독이며 시간을 보냈어요.

그러다가도 문득 '폐암 말기면 어떡하지?'라는 생각이 들 때마다 애써 무시하며 '폐암이더라도 초기이게 해주세요'라고 기도를 했어요. 평소 쏜살같이 흘러가던 시간도 외래진료일이 오기까지는 어찌나 더디게 가던지. 그렇게 지옥 같은 시간을 보내고 마침내 외래진료일이 다가왔어요. 이날따라 병원까지 가는 길이 유난히 멀고 두렵게 느껴지더라고요. 대기의자에 앉아 기다리는데 입이 바짝바짝 마르고 진료실을 나오는 분들의 얼굴빛을 하나하나 보다 보니 마침내 제 이름이 호명되어 어색하게 웃는 얼굴로 진료실에 들어섰어요.

진료실로 들어가자마자 의사선생님 얼굴 표정을 먼저 확인했어요. 만약 선생님이 밝게 웃으며 인사하면 별 문제없을 거라 혼자 추측하면서 말이죠. 그런데 선생님의 얼굴 표정을 판단하기가 어렵더라고요. 잠시 모니터를 지켜보던 선생님이 제게 폐암이라고 말씀하셨어요. 최악의 상황까지 생각하며 어느 정도 마음의 준비를 하고 있었지만 막상 결과를 확인하게 되니 앞이 캄캄해지고 마음이 무너져 내렸어요.

담배도 피지 않는 내가 폐암이라니……. 설마설마하며 예상은 했으나 도무지 믿기지 않았어요. 간신히 진료실에서 나와 한동안 넋을 잃고 앉아 있다가 간호사의 안내에 따라 관련 검사를 받으러 갔어요. 하지만 여기서도 왜 이 검사를 해야 하는지에 대한 설명은 하나도 듣지 못했어요. 그래서 의사선생님을 다시 찾아가 자세히 물어보려고 했는데 기다리던 다른 대기 환자가 들어가버렸기 때문에 발길을 돌릴 수밖에 없었어요.

물론 저와 같은 환자들이 많아서 바쁜 건 이해하지만, 어떤 검사이고 왜 하는지 아무것도 모른 채 검사를 받으면 더욱 긴장되고 답답하다는 것을 알아주셨으면 해요.

이런 문제는 입원 후에도 마찬가지였어요. 앞으로의 치료일정이 너무 걱정돼서 담당 간호사님을 찾았죠. 하지만 분주히 뛰어다니시는 모습에 저는 선뜻 물어볼 엄두가 나지 않았어요. 바쁜 분들을 붙잡고 이런저런 잘 모르는 부분을 두서없이 마구 물어보기도 미안했고요. 그럴수록 제 답답함은 커져만 갔어요. 오늘은 ○○하고, 내일은 ○○하고…… 설령 그대로 행해지지 않더라도 이렇게 대략적으로 알고 있는 것과 아무것도 모르면서 시키는 대로 해야 한다는 건 천지차이잖아요.

호흡기내과 특성상 숨쉬기조차 힘든 환자들이 많아요. 가뜩이나 숨쉬기도 힘든데, 치료일정을 모르면 얼마나 답답하겠어요. 환자 입장에서 세심하게 배려해주셨으면 해요. 저도 전엔 몰랐지만 이제 폐암환자가 되어보니, 10년 전에 아버지가 겪었던 답답함을 조금은 알겠더라고요.

당시 아버지는 제가 문병 갈 때마다 숨을 몰아쉬면서 간호사에게 오늘 뭐 할 건지 물어보라고 하셨어요. 그때마다 전 아버지께 "그냥 병원에서 시키는 대로 하면 돼"라고 했었거든요. 이젠 제가 그 입장이 되어보니까 당시 아버지 마음을 헤아리지 못한 게 너무 후회되네요.

아무래도 큰 병원에 온 환자들은 입원할 때부터 심리상태가 편치 않거든요. 그래서 부탁드립니다. 하루 종일 바빠서 힘드시겠지만, 환자들이 일일이 물어보지 않아도 안심하고 치료를 받을 수 있도록 환자 입장에서 잘 설명해주셨으면 좋겠어요.

숨죽여 환자의 숨소리에 귀기울이다

2016년 봄, 호흡기내과 환자들의 편치 않던 호흡 소리와 그래서 더 불편했던 그 마음을 들여다보며 많은 생각과 고민이 있었습니다. 그리고 그런 환자들의 곁에서 그 숨소리에 촉각을 곤두세우며 분주했던 호흡기내과 의료진들의 안타까운 목소리가 아직도 생생합니다.

"호흡기내과 환자분들은 기본적인 호흡이 어렵고 불편하시죠. 그러니 최대한 도와드리려고 노력하지만 중환과 노령의 환자들이 많으시니 한계가 있는 것 같아 안타깝습니다."

그간 우리는 환자와 의료진으로 각자의 입장에서 서로를 바라보았습니다. 서로 바라보았으나 서로 바라보는 대상을 제대로 이해하기도, 그들의 불편함을 제대로 알지도 못했다는 것을 발견했습니다. 그래서 환자를 바라보던 우리의 시선을 환자에서 병원으로 바꾸었습니다. 환자와 함께 환자의 눈높이에서 병원을 바라보기 시작했습니다.

비로소 호흡기내과 환자의 불편했던 환자경험이 피부 깊숙이 다가왔고, 환자의 시선에서 제대로 들여다보고 바꿔보는 여정이 시작되었습니다.

'환자와 직원 모두 편안한 호흡으로 서로를 따뜻이 바라볼 수 있도록'

숨 쉬는 것조차 쉽지 않으니, 이야기하는 것은 더 어려웠을 호흡기내과 환자들, 그런 그들을 치료하고 있는 호흡기내과 병동의 의료진들. 우리는 함께하는 이들이 모두 편안한 호흡으로 서로를 따뜻하게 바라볼 수 있기를 바라는 염원으로 마음을 모았습니다. 그렇게 통합환자경험디자인의 씨앗이 심겨지고 호흡기내과 환자경험에 꽃을 틔우기 위한 3개월의 SEED 여정이 시작되었습니다.

호흡기내과 환자가 입원을 위해 병원에 들어서는 것을 시작으로 입원 치료 과정을 중점적으로 관찰하고 인터뷰하며 중요한 여정의 촬영과 함께 분석의 토대를 마련했습니다. 그렇게 호흡기내과 환자의 여정지도가 만들어졌고, 그 여정을 직간접적으로 체험하여 완성해갔습니다.

우리가 만난 입원환자들 대부분이 불안을 느낀다고 했습니다. 가족이 아닌 이들과의 낯선 곳에서의 생활, 낯선 이들과의 만남만으로도 아픈 사람들은 불안합니다. 불안한 환자의 마음을 헤아리기 위해 환자와 만나는 의사, 간호사, 방사선사, 이송기사, 미화원, 배식원에 이르기까지 어떻게 하면 환자와 잘 만날 수 있을지 고민하고 환자가 느끼는 경험을 공유했습니다. 환자가 기대하는 역할을 인지하고 안심할 수 있는 응대방법, 설명 내용, 업무구분이 이루어졌습니다.

특히 환자가 가장 많이 그리고 가까이에서 함께하는 간호사의 케어를 따뜻하게 디자인했습니다.

"잠 못 드는 밤에 간호사 선생님이 따뜻한 손길로 토닥여주시고 위로해주셨던 게 퇴원 후에도 오래도록 기억에 남아요. 그 선생님은 다른 환자들에게도 위로하는 간호천사로 계시겠죠?”

입원간호를 통해 환자가 위로를 경험할 수 있도록 환자의 프라이버시를 존중하고 배려하는 분위기 조성을 위해 안정된 환경과 간호경험 프로세스를 강화했습니다. 간호행위와 설명이 필요할 때마다 환자의 이해도를 확인하고, 환자의 요청에 대해 지속적으로 안내하며 입원경험의 낯섦이 안정과 신뢰로 바뀌어 치료의 효과를 높이도록 집중했습니다. 또한 환자의 도움 요청이나 질환에 대한 통증을 호소할 때마다 설명과 함께 위로의 한마디와 격려의 눈맞춤을 잊지 않고 있습니다. 환자를 바라보는 따뜻한 시선만으로도 환자의 말투가 바뀌고 치료에 적극적으로 참여하고 있다는 호흡기내과병동 간호사 선생님들의 이야기가 이어지고 있습니다.

아울러 환자와 보호자가 가장 혼란스러운 입퇴원 시점의 설명을 강화하여 환자와 보호자 교육을 체계화하여 정비했습니다. 입원기간 보호자의 준비사항 안내와 퇴원 후 회복을 위한 설명에 중점을 두고 주요 포인트를 구분하여, 구두 설명과 안내문 설명으로 진행하고 있습니다. 또한 입원 프로세스를 상세 구분하여 보호자 준비사항, 치료적 행위의 사전안내, 보호자 호출 시 목적안내, 신체노출 시 환자 프라이버시 보호, 고령의 보호자를 위한 문진표 작성 지원 등으로 구체화했고, 체크사항을 정리하여 제공하는 등 환자와 보호자의 이해와 적극적인 참여를 높이고자 노력하고 있습니다.

“편의 시설은 뭐가 있는지, 보호자 휴게 공간은 어디인지 병원에 있다 보니 궁금한 게 너무 많아요.”

병동 게시판에는 환자와 보호자의 궁금증을 반영해 병원 이용을 위한 정보를 정비하여 게시했습니다. 입원기간 간호사 스테이션을 방문하는 환자와 보호자의 불안을 적극적으로 케어하기 위해 단편적인 답변제공에 머무르지 않고 적극적으로 필요한 문제를 해결하도록 돕기 위한 안내사항을 확인해 알려드리고 있습니다.

입원기간 가장 많이 만나고 가장 많은 위로를 건네주는 의료진은 단연 간호사 선생님입니다. 그 만남에 안심과 위로를 더하기 위해 고령의 환자도 쉽게 이해할 수 있도록 편안하고 쉬운 눈높이 설명을 강화해오고 있습니다.

"내가 호흡기내과 환자라면 어떨까 하는 마음으로 참여하고 있습니다."

호흡기내과 병동의 SEED는 약 4~5주간의 관찰과 촬영, 환자와 의료진의 심도 깊은 인터뷰, 분석내용에 대한 병원의 관심과 참여로 약 3개월간 진행되었습니다. 위로와 돌봄으로 기억되는 입원치료를 위해 의료진 모두 세밀하게 구분된 촬영내용을 확인하고 점검하며, 하나하나 환자가 바라보는 시선에서 개선하는 데 주저하지 않았습니다.

의료진의 영역으로 간략히 구분하면 이렇습니다.

의사와 간호사 모두 첫인사와 자기소개가 환자의 신뢰도를 높일 수 있음을 인식하고 환자와의 만남을 준비하기로 했습니다. 입원환자의 기다림인 회진시간을 환자와 의사 모두 소중히 여기며 담당 의사의 회진시간을 침상에 부착해 환자에게도 준비할 수 있는 시간을 드리고, 의사는 회진시작과 마무리를 알리며 입원기간의 치료일정을 핵심적으로 설명하여 안심할 수 있는 회진면담 프로세스를 정착시켜갔습니다.

또한 호흡기질환에 대한 정확한 치료계획과 일정을 설명하여 환자의 불안감을 신뢰로 변화시키는 프로세스를 마련하였습니다. 담당 의사인 교수와 주치의[전공의] 그리고 담당 간호사의 설명 역할을 구체화하여 입원 중 설명영역을 재정비했습니다. 담당 의사인 교수님은 환자의 치료와 퇴원까지 전반적 치료계획을 설명하고, 주치의 선생님은 환자의 구체적인 치료계획과 일정을 환자가 알기 쉽게 설명합니다. 담당 간호사는 매일 치료 스케줄과 입원치료 일정 설명으로 환자가 주인공이 되어 참여하는 입원치료로 디자인하고자 노력했습니다.

이러한 모든 활동은 의료진의 관심과 참여, 유관부서의 환경정비와 입퇴원 시스템 재정비 등 호흡기내과 환자의 입원경험 중심으로 병원의 모든 프로세스가 하나의 방향으로 모아졌기에 가능했습니다.

모든 환자의 여정마다 환자의 입장에서 바라보기로 마음을 다잡으며 '내가 환자라면, 나의 가족이 환자라면'의 마음가짐을 호흡기내과병동의 SEED로 실현하기 위해 노력했습니다. 이후 호흡기내과 환자를 위한 SEED는 매년 원내 혁신활동과 개선활동으로 연계되어 강화, 확산되고 있습니다.

2016. 신장내과 외래환자

(54세, 여) VOC

왜, 물어보지 않으면 알려주지 않나요?

저는 평소 신장이 좋지 않아서 병원처방에 따라 열심히 약도 챙겨 먹고 식이요법도 철저히 했어요. 하지만 갖은 노력에도 불구하고 결국 신장에 큰 문제가 생기고 말았어요. 소변이 자주 마렵고, 소변볼 때 거품이 생기고, 통증도 있었죠. 그러던 중 인터넷으로 제 증상에 대해 검색하던 우리 딸이 울먹이면서 이렇게 소리쳤어요.

"엄마, 그거 신장이 망가지면 나타나는 증상이래. 그리고 신장 투석하게 되면 평생 해야 된대!"

그 소릴 듣는 순간 하늘이 와르르 무너지는 것 같았어요. 제가 다니는 단골 미용실에서 만난 동네 아줌마 한 분이 신장 투석을 하고 있어서, 그게 얼마나 힘들고 불편한지 익히 알고 있었거든요. 그 아줌마는 신장 투석한 지가 10년이나 됐다면서 혈관이 굵어져 울퉁불퉁해진 팔뚝을 보여줬어요.

그래서 나는 절대로 저렇게 되지 말아야지 하며 열심히 관리했건만……. 어찌나 서럽고 두렵던지, 그날 다 큰 딸애 앞에서 얼마나 울었는지 몰라요.

그렇지만 아직 확실하게 결정이 난 것도 아니고 해서 일단 큰 병원에 가서 검사해보자는 마음으로 분당서울대학교병원을 찾게 되었어요. 그런데 마음을 굳게 먹고 왔건만, 막상 병원에 들어서니까 왜 이렇게 떨리는지요. 저도 모르게 다리에 힘이 쭉 빠져버려서 의자에 앉아 한참동안 넋 놓고 지나가는 사람들만 쳐다봤어요.

갑자기 마음이 약해져서 그랬는지 몰라도, 제 눈앞의 모든 분들이 왜 그렇게 건강해 보이던지. 심지어 지팡이를 짚고 가는 노인들보다 제가 더 아픈 사람처럼 느껴졌어요. 나만 몹쓸 병에 걸린 것 같아 너무 슬펐어요.

"엄마, 병원에 잘 도착했지?"

"응, 우리 딸 걱정 말어. 엄마 잘 찾아왔으니까."

딸아이 전화를 받고 나서야 간신히 정신을 차렸어요.

엄마가 아파서 일도 손에 안 잡힌다는 딸아이에게 너무 걱정하지 말라며 신신당부하고 기운을 내서 진료실로 갔어요.

진료실 앞엔 대기하는 환자들로 붐볐어요. 저는 너무 초조한 나머지 간호사 스테이션으로 가서 신장 투석에 대해 물어봤어요. 하지만 다들 바빴던지 제대로 눈도 안 맞추고 건성으로 대답했어요. 너무 당황스러웠어요. 고급 식당이나 상점에 가면 처음 왔는지 물어보고 이용방법을 세세하게 안내해주잖아요. 그런데 다른 곳도 아닌 병원에서 그런 응대를 받으니까 굉장히 마음이 좋지 않았어요.

저는 신장이 좋지 않아서 병원에 왔고, 너무나 걱정되는 마음으로 궁금하고 불안한데, 누구 하나 눈 맞춰주며 제대로 설명해주지 않았어요. 어쩌면 평생 투석할지도 모르잖아요. 그런 제 마음을 아는지 모르는지 그분들의 태도가 무척이나 서운했어요.

물론 간호사님들이 매일 격무에 시달리고 계시다는 건 잘 알아요. 또 환자들마다 일일이 설명해주는 것도 어렵다는 건 이해해요. 그래도 저처럼 절박한 심정으로 물어보는 환자가 있잖아요. 아픈 사람의 입장은 전혀 생각해주지 않는 것 같아요. 솔직히 이럴 줄 알았으면 신장 투석 전문병원에 가는 건데 하고 후회했어요. 그럼 최소한 환자에 대한 응대는 제대로 해주지 않았을까 하고 생각했거든요.

지난 일이지만, 그때를 생각하면 여전히 서운한 감정이 사그라지지 않네요. 환자가 많은 대학병원은 원래 이런 건가요?

신장내과 환자의 불편한 부분, 퍼즐 조각을 완성하였습니다

신장내과를 찾는 환자들이 꼽았던 가장 불편한 점은 자신의 증상에 대한 충분하지 않다고 느껴지는 설명이었습니다. 수많은 궁금증과 이로 인해 생기는 불안감을 해결하기 위해 신장내과의 SEED는 '퍼즐을 맞추듯 서로의 역할 찾기'로 진행되었습니다.

퍼즐 조각 완성을 위한 가장 큰 이슈는 첫 방문, 첫 시술, 첫 투석을 시작하는 신장내과 환자들을 위한 궁금증, 설명내용, 의료진의 역할 등을 확인하고 강화하는 것이었습니다. 이를 위한 첫걸음으로 내원하는 환자들이 느끼는 불편한 점에 대한 신장내과 의료진들의 공감이 선행되어야 했습니다. 이에 먼저 신장내과의 의료진들이 모인 자리에서 SEED의 취지와 중요성 그리고 진행일정, 예상되는 기대 등을 설명하고 과내 의료진의 적극적인 참여를 위한 인터뷰를 진행했습니다. 신장내과 외래공간에서 인터뷰에 참여할 환자를 섭외하고, 인터뷰 후 첫 투석을 위한 진료여정을 동행 촬영하며 환자가 경험하는 주요 포인트의 요소를 확인해갔습니다.

신장내과 환자가 경험하는 여정은 '콜센터 예약을 시작으로 주차장 진입, 낯선 병원 로비, 검사를 위한 수납, 채혈과 그 외의 검사, 진료실 접수, 진료대기, 신장내과 외래진료 그리고 진료 후 안내에 이어 인공신실 방문과 장기이식센터 상담, 다시 수납과 귀가하기까지' 환자의 짧지 않은 여정을 함께하며 궁금하고 불안했던 환자의 정서까지 경험할 수 있었습니다.

"안녕하세요. (처음이시네요.) 나궁금 님, 10시 30분 신배려 교수님의 진료가 예약되어 있습니다. 진료 전 앞쪽/뒤편 (손으로 가리키며) 신체계측실에서 키와 몸무게, 혈압을 측정하신 후 0번 앞/대기공간에서 기다려 주시겠어요."

신장내과 외래진료 접수 시 환자의 진료방문 목적에 따라 확인하고 안내해야 하는 내용이 조금씩 다른 것을 확인할 수 있었습니다. 접수에 필요한 정보는 한 번에 묻고 안내하여 중요한 과정이 누락되지 않도록 하는 것이 출발점이었습니다. 신장내과 진료 전에 이루어지는 접수안내 프로세스는 첫인사와 환자 확인, 예약시간과 진료 의사 안내, 필요 시 신체계측 등 사전일정과 대기장소, 진료실 안내가 한 번에 진행될 수 있도록 디자인하여 환자와의 의사소통이 효율적으로 이루어질 수 있도록 하였습니다.

아울러 적극적인 환자맞이를 위해 스테이션의 모니터 방향과 각도를 환자가 잘 볼 수 있도록 조정하고, 응대방식을 표준화하여 환자가 만나는 모든 의료진으로부터 긍정적인 경험을 시작할 수 있도록 했습니다.

"설명이 어렵게 느껴져 잠시 고개를 갸웃하니, 바로 제가 잘 이해했는지 되물어주셨어요. 그래서 저도 편하게 궁금한 부분을 질문할 수 있었고 이후에 치료가 더 잘 되고 있는 것 같아요."

운영 간호사 선생님은 외래진료 스테이션을 책임지며 첫 방문 환자에게 신장내과 진료의 주요과정을 안내하고, 설명 간호사 선생님은 환자의 상황에 맞춰 주요한 사항을 설명합니다. 즉, 첫 시술 환자에게는 시술의 필요성과 과정을, 첫 투석 환자에게는 투석의 진행과정을, 타과 의뢰가 필요한 환자에게는 타과 진료의 이유와 일정, 프로세스를 설명합니다. 진료 전후 안내를 담당하는 선생님은 예약과 수납 등 기타 문의에 대한 응대를 하도록 구분하여 환자가 만나는 신장내과 환자여정의 주요 퍼즐을 맞추게 되었습니다.

"나궁금 님, 이번 피검사 수치가 ○○이군요. 많이 걱정되시겠지만, 다행히도 검사결과로 보면 지금 상황이 나빠지고 있지 않습니다. 수치상 ○○○가 나와서 처방해드린 약물에서 노랗게 생긴 ○○○을 한 알에서 반 알로 변경해드릴 테니, 변경된 약 잘 챙겨 드시고 궁금한 내용은 메모해서 오시면 또 알려드릴게요."

진료실의 의사선생님는 환자의 현 상태변화와 검사결과에 대한 설명과 향후 치료과정에 대한 환자의 기대감과 궁금증을 듣고 답하도록 신장내과 프로세스를 강화했습니다. 특히 환자들의 치료일정과 치료결정에 대한 이해도를 확인하기 위한 의사선생님의 질문이 환자의 궁금증을 해소하고 참여를 높이는 데 도움이 되었습니다.

환자의 많은 질문 중 가장 큰 비중을 차지하는 것은 약에 관한 것입니다. 이 부분을 해결하기 위해 추가 또는 새로운 약의 처방이 있을 경우, 의사선생님은 추가된 약물의 목적과 용량을 설명하고, 추가설명이 필요한 경우 간호사 선생님이 복약 안내문과 함께 복용법과 주의사항 등을 설명함으로써 환자의 궁금증을 해소하기 위해 노력하고 있습니다.

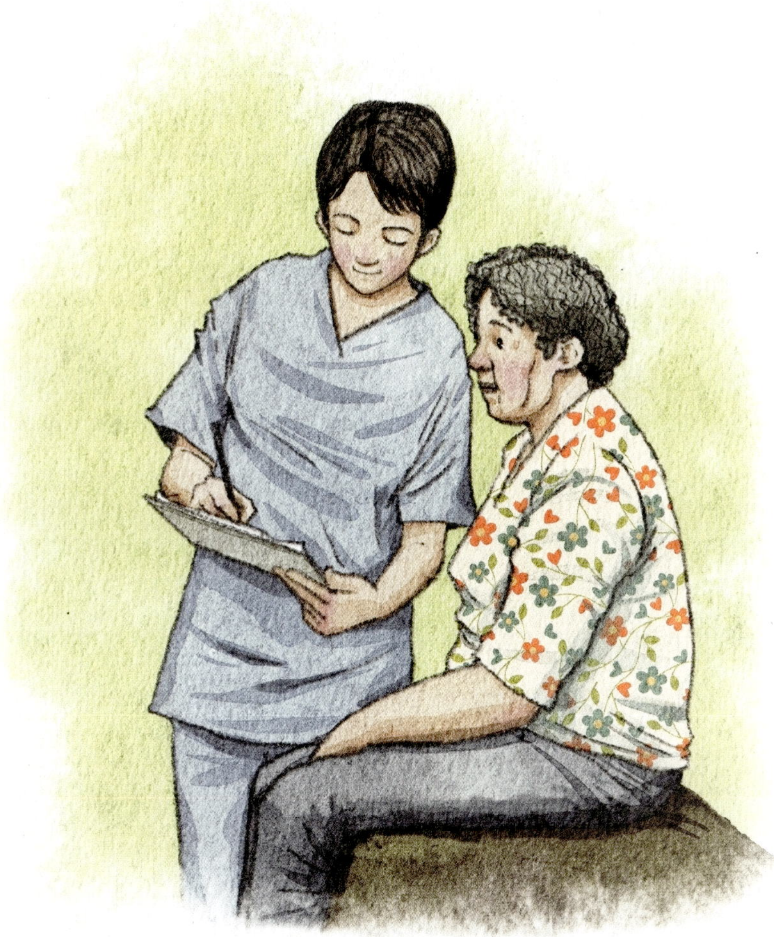

“식이요법이나 운동설명 등 중요한 내용을 왔다갔다 하면서 듣고 지나니까 세세한 내용이 기억나지 않아요.”

신장내과를 찾는 환자는 앞서 소개한 것처럼 첫 방문, 첫 시술 환자와 함께 이식준비, 혈액 투석, 복막 투석 그리고 일반적으로 관리하고 있는 환자 등으로 구분해볼 수 있습니다. 필요에 따른 세분화된 정보 제공이 필요하다고 판단되어 관련 콘텐츠를 개발하고 정기적인 공개강좌를 환자별 눈높이에 맞춰 개설하였습니다. 각종 브로슈어와 함께 필요한 내용을 안내하고, 설명처방으로 관련 내용을 문자메시지로 발송하는 등 환자의 궁금증을 중심으로 관리방법을 안내하는 데 주력하고 있습니다.

신장내과는 각 영역의 통합적 접근으로 초진환자와 재진환자를 구분하고, 그에 따른 진료여정에 맞춰 개선활동을 지속적으로 진행하고 있습니다. 하나의 예로 환자가 재방문해야 하는 불편함을 해소하기 위해 당일 추가검사를 실시하게 되는데 이럴 경우 검사 대기시간이 발생하게 됩니다. 이때 이에 대한 명확한 안내가 제공되지 않을 경우, 환자들은 그저 막연하게 기다려야 하는 불편함을 느낄 수밖에 없습니다. 이처럼 환자가 막연히 기다리는 불편함을 해결하기 위해 외래간호팀과 검사실이 유기적으로 소통하며 예상되는 대기시간을 안내하게 되었습니다. 예상 대기시간을 안내하게 된 후부터는 추가검사와 그에 따른 검사 대기시간에 대한 이해도가 높아져 환자들에게 보다 편안한 병원경험으로 기억되고 있습니다.

진료를 중심으로 진료 외의 시간도 관리하는 노력들이 환자맞이 열린 접수공간을 만들고, 초진환자의 문진표와 안내문, 수첩 등 보조자료로 환자의 참여를 돕고, 체감되는 대기시간을 관리하기 위해 정보카페와 리플릿을 제공했습니다. 신장내과 환자의 일상도 진료의 연장선이라는 마음가짐은 환자를 중심으로 설명의 역할을 구분하여 환자의 궁금증을 하나라도 더 해소하고자 노력하게 되었고, 건강식이나 건강강좌 등 환자의 일상생활을 관리하는 노력들이 이어지고 있습니다.

신장내과 SEED는 '환자가 보다 잘 이해할 수 있도록', '궁금한 부분을 해소할 수 있도록', '일상이 보다 편안해질 수 있도록' 진료와 검사, 설명 등 촘촘하게 퍼즐을 맞추는 것으로, 환자의 하루하루를 소중히 돌보기 위한 노력은 지속됩니다.

2017. 응급실 내원환자

(남, 31세) VOC

언제, 누가, 어떻게 도움을 줄지 알고 싶어요

저는 분당에서 1인 카페를 운영하고 있습니다. 주변에 회사가 많다 보니 크기는 작아도 매출이 꽤 쏠쏠해요. 그래서 회사원들 아침 출근시간에 맞춰서 오전 8시부터 오픈을 해서 저녁 10시까지 혼자 일해요. 여기저기 돈을 끌어 모아 어렵게 창업했던지라 몸이 힘들어도 알바생을 두는 것은 꿈도 못 꿔요.

매일 밤 12시쯤 집에 돌아와서 대충 씻고 자면 금세 다음 날 새벽 6시, 밤새 뒤척이다가 허둥지둥 일어나서 또 카페로 와서 오픈 준비를 하죠. 그래서 그런지 일요일 하루 쉬는 거로는 딱히 피로가 풀리지 않더라고요. 몸에 활력이 떨어지고 손님이 없을 때 의자에 잠깐 앉아 있으면 저도 모르게 꾸벅꾸벅 조는 게 다반사예요. 아무래도 만성피로인 것 같아요.

그날도 여느 때처럼 졸린 눈 비벼가며 카페에 출근해서 아침 장사 준비를 하고 있었죠. 공복에 마시는 커피 맛이 특히 더 좋고 정신을 번쩍 들게 만든다는 단골손님들을 생각하며 커피 원두를 머신에 담고 있었는데 갑자기 심한 복통이 일어났어요. 퍽! 자루가 터지면서 바닥에 커피 원두가 흩어져서 엉망이 되어버렸어요.

뭐지? 곧 통증은 사라졌지만 뭔가 느낌이 이상해서 '장이 꼬인 건가? 아니면 맹장염인가?' 하며 꾹꾹 여기저기 배를 눌러봤어요. 별 이상이 없는데…… 하다가 오른쪽 배 윗부분을 눌렀더니, 통증이 찢어지는 듯이 심하더라고요.

곧 오픈 시간이라 출근길에 들리는 단골손님들 생각에 급한 불만 꺼야지 하고, 가까운 편의점에서 진통제를 사먹었어요. 하지만 쿡쿡 찌를 듯한 통증이 잦아들지는 않고 오히려 더 심해져서 걷기조차 힘들어졌어요. 그래서 오픈이고 뭐고, 이러다 큰일나지 싶어 가게 문을 닫고 택시를 불렀어요.

"기사님, 얼른 분당서울대학교병원 응급실로 가주세요."

"아이구! 어디가 많이 안 좋으신가 봐요. 조금만 참으세요. 금방 갑니다."

출근시간이라 차는 좀 밀렸지만 기사님이 요령껏 빠른 길로 가서 예상보다 빨리 응급실에 도착할 수 있었어요. 솔직히 얼마 전엔 이 병원 앞을 지나가면서 '무슨 병원이 저렇게 크냐?' 하며 신기한 듯 쳐다보긴 했지만, 막상 내가 여기에 올 거라곤 상상조차 못했죠. 불행 중 다행으로 일하는 곳 가까이에 이렇게 큰 병원이 있어서 얼마나 고마운지 몰라요. 큰 병원은 가까이 있을수록 좋다는 말을 새삼 실감했던 순간이었죠.

응급실은 방송에서나 보던 데라 매우 낯설어서 당황스러웠어요. 안내하는 분이 환자차트가 만들어져야 진료가 가능하다면서 접수부터 하라고 했어요. 복통이 심해서 걷는 것조차 힘들었지만 남이 대신해줄 수 있는 일이 아니라서 억지로 참고 접수를 마쳤어요.

증응급환자치료실
중증응급환자치료실

아침인데도 불구하고 응급실엔 환자들로 붐볐어요. 아이가 열이 많이 나서 왔다는 아주머니, 일하다가 팔을 다쳐 온 사람, 교통사고로 피를 흘린 채 실려 온 사람 등등 각자 아픔을 호소하는 사람들의 목소리가 뒤엉켜 응급실은 그야말로 정신을 차릴 수 없을 정도로 혼란스러웠어요.

배는 아프고, 뭘 어떻게 해야 할지 몰라 한참 서성이고 있으니 간호사 선생님이 이름을 불러주었어요. 언제부터 어디가 아픈지, 지병은 있는지 등등 여러 가지 질문에 대답하자 기다리고 있으면 안내해주겠다고 하셨어요. 얼마 후 제 이름을 부르는 소리가 들려 진료실로 들어가서 의사선생님과 면담을 시작했죠. 현재 어디가 제일 불편한지 물어보더라고요. 맘 같아선 빨리 뭐라도 저치를 받았으면 했는데, 필요한 검사를 하겠다고 하고 진료가 끝났어요.

배는 아파 죽겠는데, 얼마나 더 기다려야 하는지 아무것도 모른 채 마냥 계속 기다리고 있었죠. 그리고 한참이 지나고 나서야 엑스레이를 찍고 피검사를 받았어요. 그렇게 검사 후 조마조마한 마음으로 붐비는 대기의자를 찾아서 가까스로 앉아 하염없이 검사결과를 기다리기 시작했어요.

엑스레이 결과 다행히 장기에는 이상소견이 안 보인다고 해서 약을 처방받았어요. 그런데 피검사 결과가 안 좋게 나왔어요. 영양상태도 안 좋았고, 특히 간수치가 너무 높게 나와서 의사선생님은 간에 문제가 생기면 복통이 일어날 수 있다면서 당분간 약 먹으면서 푹 쉬라고 하셨어요.

돈을 버는 것도 중요하지만 그것도 몸이 건강해야 가능한 일이잖아요. 속상하지만 한 달 정도 내 몸을 위해 푹 쉬어보려고요. 그때 복통이 시작됐을 때를 생각하면 지금도 아찔해요. 하지만 가게에서 벌어졌던 상황보다 응급실에 도착해서 벌어졌던 상황이 더 힘들었어요. 응급실이라는 곳은 들어설 때부터 두려움이 앞서는 곳이잖아요. 더구나 저처럼 혼자 가게 되면 어쩔 줄 몰라 무척 당황스럽죠. 마치 내가 응급실에서 내던져진 듯한 불안한 마음이 들어 아픈 몸만큼이나 정신적으로도 많이 힘들었어요.

많이 바쁘고 힘드시겠지만 환자가 언제까지 응급실에 있어야 하고, 또 뭘 해야 할지 자세히 알려주셨으면 해요. 저와 같은 응급환자들을 위해 조금만 더 신경써주시면 좋겠어요.

이렇게
개선했습니다

위급할 때면 문득 떠오르는 그곳,
분당서울대학교병원 권역응급의료센터

갑작스럽게 도움이 필요할 때, 예상치 못한 순간, 내가 또는 사랑하는 사람이 아플 때 어김없이 떠오르는 곳이 응급실입니다. 그렇기에 응급실을 찾는 환자와 보호자분들 대부분이 매우 혼란스럽고 더욱 불안한 것이 사실입니다.

'내가 제일 아픈데, 우리가 제일 급한데…….'

이런저런 이유로 응급실을 찾는 다급하고 불안한 발걸음을 따라가봤습니다. 2017년 4월과 그해 여름 응급실의 환자여정 전반을 검토하고 개선하기 위한 SEED가 진행되었습니다. 응급실을 이용하고 있는 환자와 보호자 232명과 23명의 의료진 인터뷰를 시작으로 크고 작은 불편사항들을 찾아내기 시작했습니다.

응급실을 직간접으로 체험하고자 주말 저녁시간 가장 혼잡한 시간대에 응급실을 이용하는 환자남, 65세를 대상으로 전 여정을 그림자처럼 동행Shadowing하여 관찰, 촬영하고, 평일 오후 시간대 응급실 전반을 관찰하며 환자분 4명의 각기 다른 여정을 함께했습니다.

그렇게 인터뷰와 환자의 영상으로 찾아낸 불편한 키워드를 중심으로 응급실 환자여정지도를 만들었고, 이에 맞춰 응급실 의료진응급의학과 의사이 환자가 되어Persona 주말과 평일의 응급실 진료를 직접 경험함으로써 응급실 환자에게 가장 중요한 우선순위를 찾아내었습니다.

총 351건의 의견과 8편의 촬영영상에 담긴 이슈들을 응급실 환자여정 순서로 함께 개선했던 사례를 간략히 소개하겠습니다.

"환자가 되어보니 안내표지가 잘 안 보이네요. 무엇보다 진료를 본 후 이제 뭘 해야 되는지 알기 어려울 것 같습니다."

2017년 늦은 봄, 응급의학과 의사가 직접 환자가 되어 휠체어에 몸을 맡겼습니다. 일반인 보호자가 이끄는 병원의 이동순서에 따라 지하주차장에서부터 응급실 입실 후 경증환자 구역에서 진료와 검사, 처방 후 퇴원하기까지. 환자가 되어보니 모든 것이 순탄치 않았습니다. 이 과정을 통해서 예상되었던 불편사항들과 미처 생각하지 못했던 아쉬운 부분들까지 찾아낼 수 있었습니다.

주차 후 환자가 바라보는 공간에 필요한 안내표지가 부족했습니다. 특히 야간시간에는 더더욱 찾아가기 어렵다 보니 그동안 환자들이 응급실 입구에서 먼저 정차 후 입실을 준비하는 게 이해가 되는 대목이었습니다.

이후 응급실 환자의 불편한 경험 중 가장 크게 와닿은 낯선 공간에 대한 당황스러움을 줄이고자 환자들의 눈높이에서 그들이 궁금해 하는 내용을 바탕으로 이용정보 안내표지를 정비하기 시작했습니다.

"어디에서 무엇을 해야 하는지…… 뭐든 복잡하네요."

주차장에서부터 응급실을 보다 쉽게 찾을 수 있도록 안내표지를 재정비하고, 응급실 입실 후 진료순서에 따른 주요 환자여정과 대략의 소요시간을 한눈에 확인할 수 있도록 '응급의료센터 진료순서환자여정지도'를 제작해 게시했습니다.

입실 후 처음 머무르게 되는 접수공간에는 응급의료센터를 한눈에 알아볼 수 있는 공간지도와 구역을 안내하는 게시판을 신설하여 낯선 공간이 주는 불안감을 줄이고자 했습니다. 아울러 현재 시점 응급실 환자 수에 따른 진료현황과 환자별 진료단계를 확인할 수 있는 실시간 현황판을 설치하여 막연한 불안감을 없애고자 노력했습니다.

응급실 모든 공간에 친숙한 픽토그램과 알기 쉬운 키워드를 적용하고, 환자의 중증도별로 구획된 구역마다 고유의 색을 부여해 환자가 자신이 있는 공간을 알아볼 수 있도록 하여 복잡한 공간이 주는 불안감을 최소화하고자 노력하였습니다. 또한 공용복도마다 각 구역의 환자별 이동경로를 화살표로 안내하여 안내표지를 따라 필요한 구역으로 이동하는 데 어려움을 최소화했습니다.

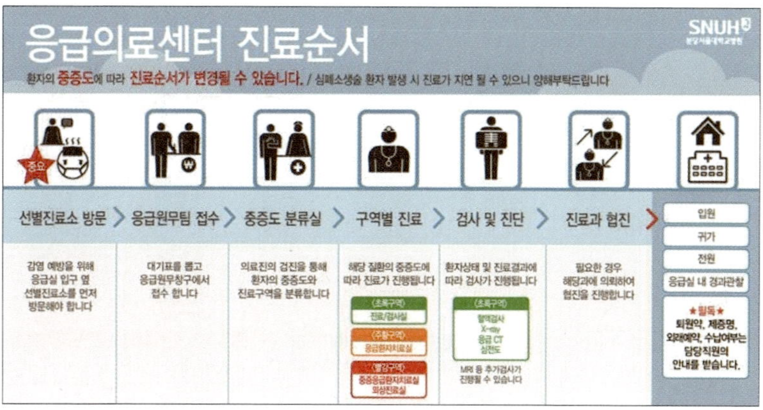

응급실 이용정보의 안내표지, 진료 관련 정보와 여정을 알리는 안내표지, 공간을 구분하여 이동에 대한 편의를 제공하는 이동 안내표지의 세 가지 영역의 안내표지가 응급실 공간의 서비스디자인으로 진행되었습니다.

"검사를 한다고 했는데, 어디에서 기다리는 건지……."

무엇보다 응급실에서 진료실을 배정 받은 후 환자가 찾아가야 할 진료실을 번호와 기능외상구역 등으로 구분해 번호와 색을 입혀 바로 찾을 수 있도록 했습니다. 대부분의 환자들이 이용하게 되는 채혈실과 검사실을 쉽게 찾아갈 수 있도록 번호를 부여하고 진료 안내문으로 다음 일정과 장소를 안내하여 혼선을 최소화했습니다.

특히 채뇨검사 등으로 화장실을 이용할 일이 많은 응급실 환자들이 화장실을 쉽게 찾아 편하게 이용할 수 있도록 표지판을 신설하고 화장실 문을 휠체어와 폴대가 지날 수 있는 미닫이문Sliding Door으로 변경했습니다.

진료 후에 어디에서 기다려야 할지 모르겠다는 환자의 많은 의견과 환자를 찾는 데 시간이 소요될 뿐 아니라 복잡한 공간에서 퇴원설명이 어렵다는 의료진의 의견을 반영해 진료 후 대기공간을 색으로 구분하고 번호

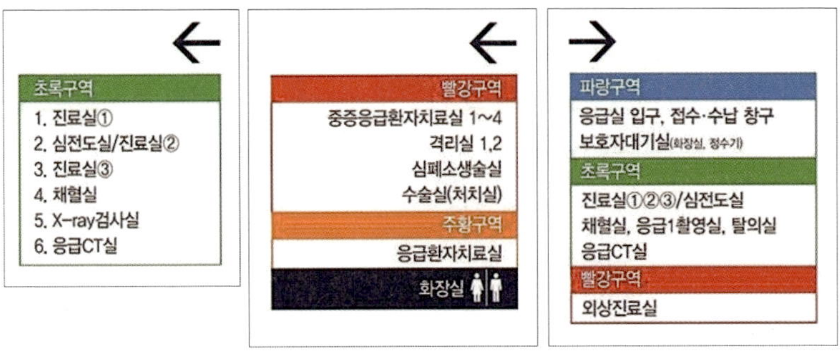

와 환자 이름을 부여하여 환자가 머물며 기다릴 수 있는 공간을 마련했습니다.

"무엇보다 나를 만나는 의사선생님과 응급실 의료진들이 가장 중요하죠."

환자들의 응급실에 대한 첫인상에 영향을 미치는 가장 큰 요인은 응급의료센터의 의료인과의 만남이라고 합니다. 의료인과의 만남에서 신뢰감을 느낄 때 환자들은 조금 더 안심하고 치료 받을 수 있습니다. 따라서 환자들에게 신뢰를 줄 수 있는 이미지를 위해 복장, 표정, 말투와 설명방법 등을 위한 매뉴얼을 만들고 교육을 진행했습니다.

'진료에서 간호, 검사, 수납, 퇴원설명'까지의 프로세스를 환자를 중심으로 관련 의료진들이 사전에 공유하는 것이 필요했고, 이에 따라 환자의 주요 질의에 유연하게 응답할 수 있는 방안이 뒤따라야 했습니다. 이에 각 프로세스마다 신속한 환자정보 공유 프로세스를 강화하여, 일관된 응대가 이뤄지도록 공유하고 있습니다.

"야간이나 새벽시간에 술에 취한 분들의 일방적인 요구나, 촉각을 다투는 응급환자보다 나만 먼저라는 환자분들을 만날 때 가장 힘들어요."

환자들은 누구나 자신이 가장 응급하고 중환이라고 생각합니다. 이는 자연스러운 반응이긴 하나 응급실의 기능은 '생명이나 사지가 곧 악화될 위협이 있어 적극적인 처치를 필요로 하는 상황'의 환자들을 우선적으로 응급진료를 하는 것입니다. 진료순서는 입실순서가 아닌 응급순서라는 것인데, 이는 심장질환이나 호흡부전으로 인한 심정지, 쇼크 등 중증외상,

호흡곤란과 의식장해로 정의하고 있어, 환자분들의 이해와 배려가 함께 필요한 이유입니다.

다양하고 많은 유형의 환자들을 만나고 있는 응급실 의료진들을 보호하고, 그들의 마음 건강을 돕기 위해 주요 구역마다 '응급실 내 폭행금지 등' 환자교육을 위한 게시물을 비치하여 '위급한 그 순간' 서로를 위한 응급실이 될 수 있도록 개선활동을 진행했습니다.

위급한 그 순간, 제일 먼저 떠오르는 응급실과 응급 의료진. 그곳에서 환자들이 제대로 된 진료와 치료로 보다 빠르게 회복될 수 있도록 분당서울대학교병원 권역응급의료센터는 오늘도 365일, 24시간 환하게 불을 밝히고 있습니다.

2018. 산부인과 입원환자

(여, 33세) VOC

함께 쓰는 병실이어도 환자에게 안정감이 필요해요

"선생님! 깜짝 놀랐잖아요!"

다들 곤히 잠든 새벽녘에 나도 모르게 버럭 간호사님에게 소릴 질렀어요. 잠이 오질 않아 밤새 뒤척이다가 새벽 3시가 넘어 겨우 잠들었는데, 간호사님이 갑자기 침대 커튼을 열고 들어와서 많이 놀랐거든요. 저의 갑작스러운 짜증에 간호사님도 많이 놀랐고, 병실 사람들도 제 소리에 놀라 잠에서 깨버렸어요. 간호사님은 내색하지 않고 혈압과 맥박을 쟀지만 우린 서로 엄청 불편한 시간을 가져야 했어요.

누군가 그랬죠. '임신하면 모든 게 바뀐다고' 저도 이렇게 바뀔 줄 몰랐어요. 진짜 제 인생은 임신 전과 임신 후로 나눌 수 있을 것 같아요. 모든 게 변해서 이게 나인가 싶을 정도예요. 우리 튼튼이가 생긴 후 내가 평소에 즐겨 먹던 음식이나 좋아하던 게임과 즐겨 입던 옷을 포기했어요. 특히 남편하고 자주 마셨던 맥주는 입에도 대지 않았고요. 드라마에서 치맥을 먹는 장면이 나오면 그 유혹을 참기 힘들어 무알콜 맥주라도 사다 마실까 생각했지만 튼튼이를 생각해서 꾹 참았죠. 맥주를 대신해서 '물이 맥주다.' 하고 스스로 최면을 걸고 마셨어요. 저뿐만 아니라 남편도 집에서 맥주는 입에도 대지 못했고요. 저만 고통 받을 수는 없잖아요? 같이 분담해야지.

아무리 힘들어도 뱃속에서 무럭무럭 자라나는 우리 튼튼이를 위해 그 정도는 얼마든지 견딜 수 있어요. 하지만 문제는 임신으로 인한 스트레스를 온통 먹는 걸로 푼다는 거죠. 그래서 우리 튼튼이 못지않게 저도 무척 튼튼해졌어요. 아니 솔직히 살이 너무 쪘어요. 무려 20kg 가까이 쪘으니까요. 그런데 이보다 더 큰 문제는 제 성격이 점점 예민해지고 우울해졌다는 거예요. 원래 저는 '좋은 게 좋은 거지'라며 어지간해서는 화도 잘 내지 않는 동글동글한 성격이었거든요.

하루는 비가 부슬부슬 내리는데 갑자기 족발이 너무 먹고 싶은 거예요. 그래서 남편 퇴근 전에 먹어치울 생각으로 족발 세트를 시켜서 뜯고 있었어요. 가는 날이 장날이라고, 하필 그날따라 남편이 일찍 퇴근한 거 있죠. 딱 걸렸죠 뭐. 한 손엔 족발을, 다른 손엔 막국수를 들고 있는 제 모습을 보더니 남편이 피식 웃으면서 이러는 거 있죠.

"동족상잔의 비극이 따로 없구만!"

"내가 족발이 먹고 싶어서 그래? 우리 튼튼이가 먹고 싶다잖아!"

물론 농담으로 재밌으라고 한 건 알고 있지만 그래도 그 말에 어찌나 화가 나던지 버럭 소릴 질렀어요.

얄미운 남편한테는 한 점도 안 주려고 남편이 옷 갈아입는 동안 냉큼 다 먹어버렸어요. 말이 좀 길어졌는데, 아무튼 임신 이후 조그만 소음에도 귀

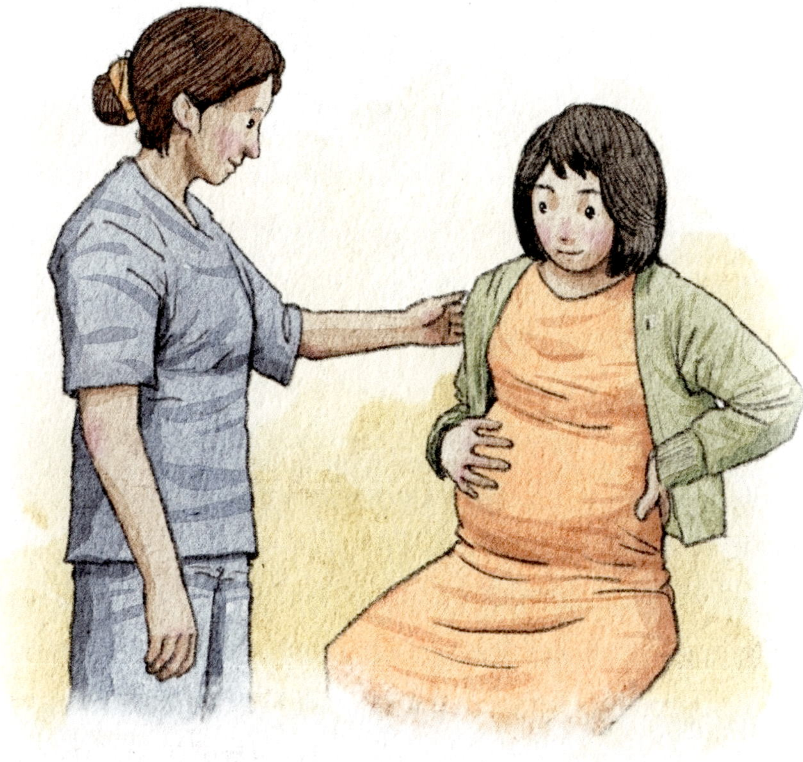

가 쫑긋 섰어요. 윗집에서 식탁의자를 끌거나 슬리퍼 끄는 소리, 심지어 욕실에서 수돗물 트는 소리까지 엄청 신경 쓰였거든요. 그동안 고혈압도 생겼고, 몸이 전반적으로 약해져서 진료를 예약했어요.

진료 당일 교수님은 혈압이 너무 높고 단백뇨도 검출되었기 때문에 당장 입원하라고 하셨어요. 첫날은 여러 불안감에 잠을 제대로 잘 수 없었지만 며칠 지나니까 조금씩 적응이 되더라고요. 하지만 병실 환자들과 간병인들의 잡담 소리, 혼자 떠들고 있는 TV 소리, 청소하는 소리 등등 생활소음 때문에 점점 짜증이 나기 시작했어요. 게다가 저는 인기척에 민감한 편이라서 잠을 못 자는 게 가장 힘들거든요. 그래서 침대에 누워 몸을 뒤척이다가, 집에 있는 남편 깨워서 억지로 카톡하다가, 튼튼이를 생각하며 배를 만지다 보면 새벽녘에야 겨우 눈이 감겨요.

그리고 입원기간 동안 초음파, 피검사, 엑스레이 태동검사, 수축검사, 혈압검사를 수시로 받잖아요. 또 아침 일찍 잠결에 팔을 내어주어야 할 때도 있어요. 물론 새벽에도 환자들의 건강을 위해 일하는 간호사님들께 감사해요. 하지만 갑자기 침대 커튼을 '촤악!' 하고 젖히면서 들어오면 너무 놀라 잠이 확 달아나버려요. 본인은 늘 하던 행동이라 그 소리가 익숙할지 몰라도 깊은 잠을 못 자는 저와 같은 환자는 너무 놀라서 금방 잠이 깨버리거든요. 아무리 병실이 공용공간이라도 환자에게 안정감을 주면 좋겠어요. 새벽에 침대 커튼 열 때는 조금만 신경 써서 살짝 열어주시고 조용히 말을 걸어주시면 정말 감사하겠어요.

"간호사님, 그날 제가 소리 질러서 정말 죄송했어요. 하지만 낮엔 괜찮지만, 안식을 취하는 밤에는 우리 아가를 위해 아주 조용히 안정을 취하고 싶거든요."

이렇게
개선했습니다

민감한 여성환자를 위한 섬세한 돌봄

'입원'이라는 '특별한 경험'은 대부분의 환자들에게 치료에 대한 기대감과 함께 '불안'이라는 달갑지 않은 감정을 수반하게 합니다. 특히 산부인과로 입원하는 환자들, 산과와 부인과, 부인암질환의 여성환자들은 그 불안감이 더욱 크리라 생각됩니다.

더욱 세심한 돌봄이 필요한 산부인과 환자들의 경험을 위해 2018년 봄, 산부인과 외래진료 경험을 시작으로 병동과 분만장까지의 여정을 함께 살펴봤습니다. '가치 있는 진료와 의미 있는 경험을 제공하는 산부인과'라는 주제로 산부인과 환자경험의 SEED가 심겨졌습니다.

산부인과 외래진료 공간에서 만난 많은 환자분들의 다양한 인터뷰 내용을 토대로 다른 진료과에서 경험하지 않는 특별한 과정을 의미 있게 만들기 위한 활동이 진행되었습니다.

"산모니까 참을 수 있지만, 산모라서 배려 받고 싶어요."

새로운 생명을 품고 있는 산모는 특별합니다. 가정에서나 주위에서나 모두에게 특별한 존재로 인식되고 특별한 대우를 받기에 마땅합니다. 병원에서도 그러한 산모들이 열 달의 시간을 건강하게 보내고 사랑스러운 아기를 만날 수 있도록 도와야 합니다. 우리 산모들이 생각지 못한 과정에서 경험하게 되었던 불안과 불편함을 없애고 아기와 함께 안전하게 진료를 받고 순조롭게 출산하기까지의 전 여정을 디자인해봤습니다.

산과 환자인 산모들이 진료실을 방문하게 되면 진료접수 후 기본적인 신체계측을 하게 됩니다. 혈압과 체중을 측정하고 필요한 경우 소변검사를 위한 채뇨를 하게 됩니다. 이어 진료를 보거나 또는 진료에 앞서 초음파실에서 초음파검사로 뱃속의 아기를 만난 후 의사선생님과 임신상태 전반을 확인받고 다음 진료를 예약하고 조심스럽게 귀가를 합니다.

먼저, 산모의 시선으로 산부인과 외래진료 대기공간을 정비했습니다. 진료과정에 대한 정보 제공을 위해 가독성 높은 게시물과 산모의 궁금증을 해결하기 위한 다양한 안내문을 게시 또는 비치했고, 대략적인 진료일정과 시간을 예측할 수 있도록 안내를 강화했습니다. 접수, 신체계측, 단백뇨 측정 등의 진료 전 준비사항을 안내문으로 마련하여 진료대기 시 궁금증을 메모하여 진료시간을 알차게 보낼 수 있는 방안을 마련했습니다.

진료실 번호와 이름을 순서와 기능에 맞춰 재정비하여 효율적인 동선을 만들고, 환자가 머무는 장소인 초음파실과 산전관리실 앞에 순번대기표와 내대기화면대기시간정보화면, 다양한 정보의 게시판을 설치하여 막연한 기다림을 최소화하는 한편 기다림의 시간에 의미를 부여하고 있습니다.

산전관리실의 기능을 환자별로 구분하여 필요한 안내문을 환자의 니즈에 맞춰 제공하고, 특히 처치실에서는 환자를 보다 세심하게 맞이하기 위해 세심한 사전준비로 환자의 자세, 필요한 물품 등을 준비하고 있습니다. 또한 의사와 간호사의 긴밀한 의사소통이 환자에게 고스란히 전해지는 특성을 반영해 보다 편안한 처치가 이루어질 수 있도록 소통체계를 강화하고 있습니다.

이러한 일련의 활동들을 환자가 만나는 의료진의 역할로 세분화하여 궁금하고 중요한 안내사항을 꼼꼼하게 챙기고, 불안은 최소화하면서 기대감을 높일 수 있는 '배려의 산부인과' 모습을 만들어가고 있습니다.

산부인과병동에 입원하는 환자들의 예민한 기대감에 대한 맞춤활동으로, '설레는 아기와의 만남을 기분 좋게 기대하도록', '아직도 사랑받기에 충분한 여자임을 잊지 않도록'의 주제로 다양한 SEED의 개선활동이 진행되었습니다.

앞서 병실의 침상 커튼을 인기척 없이 열어서 불편함을 느꼈다는 산모의 사례처럼, 환자들의 입원생활에서 사생활을 존중해주는 환자 배려 에티켓은 매우 중요한 부분으로 여겨지고 있습니다. 비단 산모뿐 아니라 일반병실 환자들도 다인실에서 공동생활을 하고 있지만, 커튼으로 보호되고 있는 개인공간은 존중되어야 합니다.

"나산모 님, 어젯밤 잘 주무셨나요? 잠시 커튼 열고 뵙겠습니다."

침상의 커튼을 열기 전에 환자의 이름을 부르며 인사를 건네어 미리 의료진과의 만남을 준비할 수 있도록 하고 있습니다. 이는 환자의 '수치감 배려' 측면에서 보다 광범위하게 존중되어야 하는 영역으로 커튼을 열기 전 사전안내하기, 환자를 만져야 할 때검사나 촉진, 주사처치 등는 행위 전에 설명하기, 탈의가 필요할 때 역시 탈의가 필요한 부위를 안내하고 양해를 구한 뒤 협조를 구하기 등등. 환자가 병원에서 존중받는 문화를 위한 폭넓은 활동을 정하여 강화하고 있습니다.

산모의 경우 신생아와의 만남을 위해 퇴원 후 필요한 사항들, 예를 들어 유방 마사지를 포함한 산후관리에 대한 교육을 중점으로 안내하고 있고, 부인과 환자는 입원기간 수술을 중심으로 수술 전 상세한 수술 프로세스 안내, 수술 직전과 수술 후 주의사항 등을 환자가 알기 쉬운 용어로 주요사항을 안내문으로 배포하여 입원생활을 돕고 있습니다.

특히 항암환자는 호르몬 불균형으로 인해 더욱 예민할 수 있기 때문에 항암 프로세스의 전 처치와 약물 주입 그리고 종료 후의 사항을 정리하여 불편을 최소화하는 데 힘쓰고 있습니다. 항암교육 책자를 제작하고 산과와 부인과, 항암환자별 특화된 프로세스를 도입해 수술 전후 안내사항을 강화했습니다.

"나변경 님, 교수님께서 지난 검사결과를 반영하여 약을 바꿔주셨어요. 이 약은 ○○○를 개선하기 위해 처방된 약이니까……."

산부인과 환자뿐 아니라 모든 입원환자들이 보편적으로 궁금하고 중요하게 생각하는 사항들을 인터뷰하여, 그 궁금증에 대한 설명이 원활하게 이뤄지도록 병원 전체의 프로세스를 정비했습니다. 그중 입원한 동안 바뀐 약이나 검사, 시술, 치료일정 등은 환자가 질문하기 전에 이유와 방법을 알기 쉽게 안내하여 입원치료에 적극적으로 참여할 수 있도록 하고 있습니다.

"곧 아가를 만날 수 있어요, 아빠도 힘내세요!"

분만장에서는 산모가 아기를 낳는 동안 보호자인 남편은 뭘 하며 시간을 보낼지 난감할 때가 많습니다. 분만장을 비롯해 고위험집중치료실과 난임센터에서는 보호자 가이드 부채를 제공하고 있습니다. '출산 시 아내를 위해 해야 할 일 십계명'을 적은 부채를 보며 산모가 아기를 만나기 위해 힘들게 노력하는 동안 그 시간을 의미 있게 보내도록 돕고 있습니다. 또한 산부인과 환자의 경험수기를 게시하여 환자참여의 의미를 확산하고 있습니다.

산부인과 SEED는 의료진의 관점을 '우리가 하는 일 너머 우리가 만나야 할 여성환자 바라보기'로, 일이 아닌 여성환자로 시선을 옮겼습니다. 산과 환자는 설레는 아기와의 만남을 행복하게 기다릴 수 있도록, 난임환자는 새로운 희망으로 다시 한 번 힘을 내도록, 부인암환자는 아직도 사랑받기 충분한 여자임을 잊지 않도록 분당서울대학교병원 산부인과 전 의료진이 마음을 한데 모으고 있습니다.

2019. 외과 입원환자

(남, 52세) VOC

도대체 의사선생님 회진은 언제인가요?

오후 5시에 대장암 수술을 받았어요. 수술 후 정신을 차리고부터 극심한 통증 때문에 나도 모르게 침대 시트를 꽉 움켜쥐게 되더라고요. 인터넷으로 수술에 대한 정보도 얻고 수술 경험이 있는 선배에게 얘기를 들어서 어느 정도 예상은 했지만, 이 정도로 아플 줄은 꿈에도 생각 못했어요.

어찌나 아프던지 눈물이 찔끔찔끔 나더라고요. 다행히 진통제를 맞고부터는 통증이 줄어들어 늦은 밤이 되어서야 간신히 잠에 들 수 있었죠. 그런데 새벽 3시쯤에 또다시 시작된 통증으로 잠을 깼어요. 벨을 눌러 간호사님에게 통증을 호소했더니 얼마 후 다시 진통제를 주셔서 버틸 수 있었어요.

"간호사님, 교수님은 언제 회진 오시나요?"

"보통 아침 9시쯤에 오시지만 상황에 따라 달라질 수 있어요."

통증이 너무 심해서 수술하고 무슨 문제가 있는 건지 교수님을 한시라도 빨리 만나고 싶었어요. 간호사님은 보통 아침 9시에 회진이 있다면서 가능하면 그 시간엔 꼭 병실에 있으라고 당부하셨어요.

잠시 후 통증이 잦아들어 다시 자려고 눈을 감았더니 처음 대장암을 진단받던 장면이 떠올랐어요. 지속되던 복통과 구토, 혈변 등 두렵고 불안한 시간을 지나 어렵사리 진료를 보고 검사를 받고 다시 의사선생님을 만났고, 대장암이라는 진단을 받았어요.

수술일자를 잡고, 입원 그리고 수술 후 지금까지의 시간들이 휙휙 지나가더라고요. 건강을 자신하며 아무 때나 먹고 싶은 거 맘대로 먹으면서 나태하게 삶을 즐겼던 지난 시간들이 회한으로 다가왔고, 좋은 병원에 훌륭한 의사선생님을 만나 이렇게 성공적으로 수술을 받을 수 있는 것들도 마치 꿈결 같지 뭐예요.

지금은 많이 아프고 힘들지만 수술이 잘되었다는 한마디 말씀을 붙들고 의사선생님을 뵙기만 간절히 기다리고 있었어요.

아침이 되어 일어나자마자 간호사님께 회진시간을 물어봤지만, 역시나 대략적인 시간밖에 모른다는 대답뿐이었어요. 꼭 의사선생님을 만나야겠다는 생각에 화장실 가는 것도 참고 한동안 침대에 누워서 기다렸어요. 하지만 기다려도 선생님은 오실 생각을 안 하시고, 다시 통증이 시작되자 너무 답답한 마음이 들어 바람이나 쐴 겸 워커에 의지해 잠시 바람을 쐬려고 병실 밖으로 나왔어요. 그리고 아주 잠깐 멍하게 앉아 있다가 병실로 바로 돌아왔는데, 글쎄 그 사이에 의사선생님이 왔다 가셨다고 하지 뭐예요.

"그렇게 기다릴 때는 안 오시더니 하필이면 내가 잠깐 자리를 비운 사이에 오실 게 뭐람."

너무 속상하기도 하고 화가 나기도 했지만 뭐 어쩌겠어요. 자릴 비운 제 잘못이죠. 그렇게 스스로를 자책하면서 또 언제 오실지 몰라 하루 종일 병실에서 의사선생님을 기다리며 하루를 보냈어요. 저뿐 아니라 모든 환자들은 교수님께 자신의 몸 상태와 앞으로의 치료계획 등을 직접 설명 듣기를 희망해요. 자신을 수술해주신 분이기 때문에 그 어떤 분들보다 더 신뢰가 가거든요. 제 경우에는 병원에 입원해 있을 때 밥시간을 빼고 가장 기다려지던 시간이 바로 회진시간이었어요.

건의합니다! 교수님의 회진 예정시간과 변동사항을 확인할 수 있는 시스템을 갖춰주세요. 예를 들면, 각 병실마다 태블릿에서 의료진의 회진시간을 검색하거나, 누구나 가지고 있는 휴대전화에 SMS로 회진한다고 알려주시거나 하면 어떨까 싶어요. 그럼 각자 우리 담당 교수님이나 주치의 선생님 회진시간을 확인해서 움직일 수 있고, 저처럼 시간을 놓쳐 만나지 못하는 경우를 피할 수 있잖아요. 이렇게 된다면 치료에도 도움이 되고 병원에 대한 만족도도 훨씬 높아질 거라고 생각해요.

“30분 후 회진이 시작됩니다. 이동순서에 따라 약간의 시간차이가 있을 수 있으니 환자분께서는 자리에서 기다려주시기 바랍니다.”

수술환자에게 수술 후 담당 의사와의 만남은 그 의미가 남다릅니다. 수술이라는 일생의 커다란 이벤트를 겪고 자신을 온전히 맡긴 수술집도의에게 수술경과를 듣는다는 것은 향후 치료일정을 확인할 수 있는 시간이기에 그러합니다. 수술을 위한 입원이든 그 외 검사와 처치 또는 경과관찰을 위한 입원이든, 모든 입원환자에게 ‘담당 의사와의 만남’인 ‘회진’은 가장 기다리는 시간인 것이 분명합니다.

입원환자를 위해 SEED와 함께, 특히 외과의 수술환자 중심의 환자경험 전반을 점검하며 50여 명의 환자를 만나 이야기를 들었습니다. 환자의 가장 큰 관심사는 ‘회진’이었습니다. 2019년 여름 외과수술로 입원한 환자의 회진을 따라다니며 가을을 맞이했습니다. 그렇게 회진에 대한 환자와 의료진의 의견과 필요성을 집약했습니다.

“수술을 마치고 급히 환자를 만나러 뛰어갔는데, 환자분이 안 계실 때가 있어요. 그러면 정말 난감해지죠.”

입원환자는 내과계 병동과 외과계 병동으로 크게 구분해볼 수 있는데,

내과계 의사선생님들의 일정한 패턴으로 이뤄지는 회진에 비해 외과계 의사선생님들은 '수술'이라는 치료과정으로 인해 매일 일정한 시간대를 고정하기가 어려운 경우가 있습니다. 게다가 수술이 지연되거나 응급시술 또는 응급수술이 발생하는 경우도 왕왕 있습니다. 이런 상황에도 불구하고 입원환자분의 불안한 마음까지 치유하기 위해서는 '안심할 수 있는 회진 만남'과 환자도 준비할 수 있는 '회진 알림'이 필수였습니다.

외과 환자를 위한 SEED로 매일 회진 전 환자의 휴대전화에 문자메시지[SMS]로 회진시간을 알리는 '회진 알림 SMS' 프로그램을 개발했습니다. 담당 의사가 직접 환자와 만날 회진시간을 SMS로 발송해 환자와 의료진이 모두 회진을 준비할 수 있도록 함으로써 회진시간의 가치가 의사선생님과 환자 모두에게 구현되도록 하였습니다.

"회진시간이 문자메시지로 오니까, 시간을 깜빡해서 잠시 내려가거나 다른 데 있어서 우리 의사선생님을 못 만나는 일이 생기지 않아서 참 좋아요."

외과계뿐 아니라 내과계 의사선생님들도 회진을 시작하기 전에 만나기로 예정된 환자들에게 회진 알림 SMS를 전송하고 있습니다. 환자들은 문자메시지를 받고 곧 시작될 회진시간에 궁금한 내용들을 한 번 더 머릿속에 정리하고 의사선생님과 만나게 되니, 설명을 더 잘 듣게 된다는 이야기를 들려주곤 합니다.

"코로나 때문에 환자 혼자 병원에 남겨두고 집에 와서 불안했는데, 교수님이 회진 오신다는 문자메시지를 받으니 마음이 놓이는 것 같습니다.

정말 든든하네요."

요즘 코로나로 면회가 어려운 보호자도 회진 알림 문자메시지를 받고 안심이 된다는 칭찬의 글을 남기기도 했습니다. 회진 알림 SMS는 환자정보에 등록된 주보호자에게 함께 전달되고 있어 환자와 보호자 모두에게 회진의 의미를 더욱 긍정적으로 디자인하고 있습니다.

"입원환자들은 회진시간을 가장 궁금해 하시는데, SMS로 회진시간을 보내주시니까 문의에 답변 드리기가 한결 수월해졌어요. SMS를 받고 좋아하시는 환자분들 모습도 보기에 참 좋고요."

2019년 회진 알림 SMS 프로그램을 개발하며 많은 의사선생님의 현실적인 고민과 아이디어 그리고 병동에서 환자들과 가장 많은 시간을 보내는 간호사 선생님들의 의견도 들었습니다. 함께 고민하여 만들어갔기에

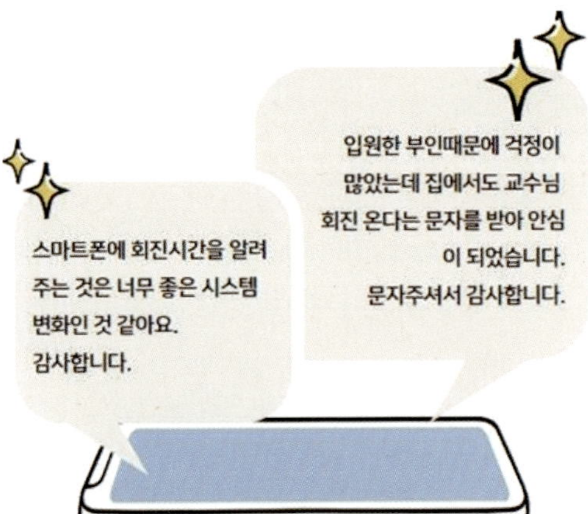

회진 알림 SMS가 더 큰 의미로 다가오는 것 같습니다.

앞으로도 다양한 의견들을 반영하여 회진 알림 SMS 프로그램을 지속적으로 개선하고 회진 알림 문화가 잘 정착되도록 노력하겠습니다. 환자와 의사, 모든 의료진이 우리 환자의 회진시간을 기억할 수 있도록, 그 시간이 더욱 가치 있게 디자인되도록!

2021. 정형외과 입원환자

(39세, 남) VOC

수술하면 원래 이렇게 아픈 건가요?

무릎 전방 십자인대 재건수술을 받았어요. 인터넷으로 수술에 대한 정보도 얻고 수술 경험이 있는 후배에게 얘기 들어서 어느 정도 예상은 했지만, 생각보다 많이 아프더군요. 다행히 진통제를 맞고부터 통증이 줄어들긴 했지만, 또 다시 통증이 시작되어 간호사님께 하소연했지만 너무 대수롭지 않게 진통제를 놔주는 모습이 조금 서운하더라고요. 여튼 통증이 또 오면 벨을 눌러 간호사님한테 통증을 호소했고, 얼마 후 다시 진통제를 받았죠.

"간호사님, 수술하면 원래 이렇게 아픈가요?"

"보통 수술 직후 통증이 있죠. 사람에 따라 다르지만 수술하셨으니까 통증이 있겠죠."

아파서 수술했고, 수술하면 당연히 통증이 있는 건 어쩌면 우문일 수 있지만, 환자의 통증을 너무 대수롭지 않게 말씀하시는 것 같아 순간 서운한 마음이 확 올라오더라고요. 사실 별것 아닐 수도 있는데 몸이 아프다 보니 마음도 약해진 건지 좀 그랬어요.

왜 내가 수술까지 하게 됐을까, 잠시 상념에 젖었는데 갑자기 사고 당시 장면이 떠올랐어요. 자로 잰 듯이 제 앞으로 굴러오는 축구공을 냅다 걷어차는 순간 '뚝!' 하는 소리와 함께 오른쪽 무릎에 극심한 통증이 몰려왔어요. 얼마나 아프던지 무릎을 움켜쥐고 땅바닥을 데굴데굴 굴렀죠. 조기축구회 사람들이 몰려들어 무릎을 주물러주고, 열감을 내려주려 냉찜질을 해주었지만 아무 소용이 없었어요. 결국 119 구급차로 병원에 실려 왔고, MRI 검사결과 '무릎 전방 십자인대 파열'이라는 진단을 받았어요.

프리미어리그 손흥민 선수는 골을 많이 넣을수록 몸값이라도 올라가지. 동네 조기축구회에서 골을 많이 넣는다고 연봉이 올라가는 것도 아닌데, 왜 그렇게 열나게 뛰어다녔을까 후회막급이에요. 의사선생님은 활동적이고 운동을 좋아하는 젊은 남성들이 십자인대 파열로 많이 온다면서 수술 받고 재활치료 잘하면 다시 좋아질 거라고 안심시켜줬어요.

수술을 무사히 마친 것에 감사하며 병실로 올라왔더니 무릎에 열이 나면서 통증이 느껴지더라고요. 진통제를 받았지만 통증은 간헐적으로 일어났어요. 그로 인해 밤새 잠을 설쳤더니 컨디션이 말이 아니더라고요. 아침 식사를 하고 바뀐 간호사님께 주책맞게 또 물어봤네요. 원래 무릎 수술이 이런 거냐, 이렇게 통증을 느끼는 건 나만 그런 거냐고 말이죠.

"환자분, 수술하시고 많이 불안하고 불편하시죠? 대부분 환자분들이 모두 아파하세요. 나통증 님은 아주 잘 견디고 계세요. 천천히 재활운동하시면 더 빨리 회복하실 것 같아요. 혹시 더 아프고 많이 불편하시면 언제든지 얘기해주세요. 주치의 선생님과 상의해서 도와드릴 방법을 찾아볼게요."

간호사님으로부터 자세한 설명을 듣게 되자 어제의 서운함은 온 데 간 데 없어지고 괜스레 눈물까지 나오려고 하더라고요. 겉으로는 담담한 척했지만 내심 걱정이 매우 심했던지라 어쩔 수 없었어요. 헤헤. 아무튼 가슴이 후련해지는 느낌도 들고, 걱정거리가 해소된 것도 같고, 통증이 줄어드는 것도 같더라고요. 말 한마디가 주는 힘이 정말 크다는 것을 새삼 느꼈어요.

그동안 '나만 바보같이 못 참는 건가, 나만 더 아픈 건가, 혹시 뭐가 잘못된 건가' 하면서 걱정을 사서 하고 있었거든요. 때마침 수술해주신 교수님이 30분 후에 오신다는 문자메시지를 받아서 아무 데도 안 가고 얌전히 침대에서 기다려서 만났어요. 따뜻한 간호사님의 말씀에 이어 의사선생님과의 만남은 불안이 안심으로 변하는 순간이었죠.

"나통증 님, 컨디션 괜찮으세요? 수술은 잘되어서 빠르면 내일 퇴원하셔도 될 것 같은데 어떠세요? 통증은 점차 줄어들 건데 계속해서 아프시면 언제든지 얘기하시고요. 힘든 수술 받으시느라 고생 많으셨어요. 운동하시면서 컨디션 회복하면 금세 회복하실 겁니다."

수술이 잘되고 회복도 잘되고 있다는 말씀, 그리고 수술 받느라 고생했다는 위로를 들으니 다 나은 것만 같네요. 큰 수술이든, 작은 수술이든 환자에게 수술이라는 것은 정말 무섭고 두려운 사건인 것 같습니다. 잘 모르니 자꾸 물어보게 되고, 아프다고 징징거리게 되네요. 조금만 환자 입장에서 들어주시고 따뜻한 말로 답해주시면 병도 금방 나을 것 같아요. 그리고 수술한 환자들에게는 통증을 먼저 물어봐주시면 어렵게 붙들고 이 말 저 말하지 않을 것 같기도 합니다.

물론 많은 선생님들이 따뜻하게 위로해주시기도 하지만, 간혹 만나는 차가운 모습에 바보처럼 상처를 받는 것 같아서 괜히 속상한 마음이 드는 건 사실이거든요.

수술 후 아픈 통증과 마음까지 어루만져주는 것이 치료의 완성

수술환자의 불안감은 크게 수술 전의 수술에 대한 불안감 그리고 수술 후 수술경과와 통증에 대한 불안감으로 구분할 수 있습니다.

'수술'은 크고 작음, 중하고 경함의 여부를 떠나 수술 그 자체로 환자들에게 커다란 걱정이고 두려움인 경우가 많습니다. 수술을 잘 받고 퇴원을 준비하는 환자들의 칭찬카드를 살펴보면, 공통적으로 등장하는 감동적인 문구가 있습니다. 바로 '선생님 덕분에 수술이 덜 무서웠고, 이후 통증으로 걱정했던 마음이 위로 받았습니다'입니다.

환자들의 수술에 대한 막연한 걱정은 수술경과보다는 수술 전후 두렵고 불안한 마음에 대한 부분이 많습니다. 환자들이 만나는 의사와 간호사를 중심으로 따뜻한 위로와 불안에 대한 공감만으로도 우리 환자들의 마음이 편안해지는 것을 자주 목격할 수 있습니다.

건강보험심사평가원에서 입원 경험이 있는 국민을 대상으로 병원을 평가환자경험평가하고 있습니다. 2021년 3차 조사가 진행되었는데요. 평가문항 중 '귀하의 통증을 줄이기 위하여 적절한 조치를 취하였습니까?'와 '귀하의 질환에 대하여 위로와 공감을 받았습니까?'의 영역에 해당하는 항목에서 의료진의 관심과 공감 표현이 환자분들께 따뜻한 경험으로 기억되고 있는 것을 확인할 수 있습니다.

환자 한 분 한 분을 만나고 있는 의료진 개개인의 교육도 중요하지만, 환자를 위한 병동을 만들기 위해서는 환자와 의료진이 함께 긍정의 경험을 주고받을 수 있는 문화가 절실합니다.

2021년 5월부터 3개월에 걸쳐 입원환자가 경험하는 병동생활을 위한 프로젝트로 병동간호경험 개선을 위한 SEED를 진행하였습니다. 환자와의 만남에서 실질적인 개선방안을 찾아내어 공유하고 이를 통해 지속 가능한 환자중심 문화를 확산하는 것에 의의를 두었습니다.

“수술환자가 많이 입원하고 또 퇴원하는 병동이다 보니 설명할 내용이 너무 많아서 환자분들 개개인에게 위로 공감을 표현하기가 쉽지 않아요.”

의료진 중심의 인터뷰를 시작으로 환자와 만나는 순간을 촬영한 뒤 각 영상별 주요 포인트의 개선방안을 찾아내어 병동 전체의 개선방안을 수립했습니다. 각 단계별 주제는 ‘병동 환자의 경험 살펴보기’, ‘우리가 만들어 가고 있는 경험 확인하기’에 이어 ‘정형외과 병동간호의 따뜻한 경험 만들기’로 환자중심 문화를 지속하기 위한 개선활동이 아직도 진행중입니다.

촬영에 참가한 간호사 선생님은 1:1 코칭을 받으며 병동간호의 어려움을 허심탄회하게 상담하고, 또 스스로를 돌보는 시간을 갖기도 했습니다. 또한 촬영영상을 토대로 환자와 만나는 주요 포인트별로 좋은 사례와 개선 필요 사례로 구분해 병동 전체 간호사들과 공유하며 환자중심의 병동으로 발돋움하고 있습니다.

이번 정형외과 병동간호 SEED의 큰 주제는 ‘내가 정형외과 수술을 위해 입원을 한다면 어떤 기분이 들까'로 정하여 진행되었습니다. 병동간호의 환자경험을 위해 병원에서는 2021년 연중 퇴원환자를 대상으로 SMS 조사를 하며 불편사항 하나하나를 확인하고 개선하고 있습니다.

위의 불편사항 예시에서 살펴본 것처럼 입원환자들은 병동의 환자경험 중 가장 중요하게 여기는 순으로 기억하는 것으로 파악됩니다. '도움처리 요구에 대한 노력', '질환에 대한 위로와 공감', '경청', '통증 조절 노력' 그리고 '검사와 처치 전후 설명'의 순으로 개선이 필요한 포인트가 발견됐습니다. 특히 수술을 위해 입원한 환자들은 수술 후 통증에 대한 공감과 위로, 통증 조절을 위한 의료진의 노력에 대한 니즈가 가장 많았습니다. '수술'을 중심으로 수술 전의 불안감과 '수술' 후의 불안감에 대한 병원의 배려가 필요한 부분이었습니다.

"뭔가 설명을 많이 해주시는데, 정작 궁금한 건 알기가 어려워요. 너무 바삐 일하고 계셔서 물어보기도 그렇고, 너무 자주 아프다고 칭얼대는 것 같아 미안한 마음도 들었어요."

정형외과병동의 입원환자는 대략 3박4일에서 5일 이내의 짧은 입원기간 후 곧 퇴원을 하게 됩니다. 정형외과 입원과 수술을 경험한 환자들이 수술 후 통증이 다 해소되지 않은 채 바삐 퇴원하는 과정에서 불편하고 아쉬운 경험을 하게 됩니다. 그런 까닭에 매순간 만나는 의료진과의 소통이 더욱 중요하게 기억됩니다.

환자들은 자신의 질환 또는 수술로 인한 불안감과 통증에 대한 공감과 위로의 표현을 들었을 때 존중받고 있다는 느낌을 갖게 되며, 병원에 대한 긍정적인 이미지가 남게 됩니다. 이는 퇴원 시점에 많은 환자분들이 남기고 가신 칭찬카드를 살펴보면 더욱 잘 알 수 있습니다. 많은 환자분들이 수술경과에 대한 내용보다 환자가 만난 의료진과의 인간적인 유대감, 위로와 공감 그리고 배려 받고 있다는 안정감에 대한 감사 표현을 가장 많이 적고 있습니다.

효율적인 프로세스에 마음을 제대로 표현하는 것만으로도 환자가 기억하는 입원 경험은 달라질 것이기에 하나씩 마음을 담는 개선을 진행했습니다.

정형외과 수술환자의 치유를 위해 먼저 앞으로 하지 않을 것의 목록을 정해 환자와의 만남에서 제거하고, 계속 유지해야 할 항목과 새로이 실천해야 할 목록을 찾아내어 강화하는 것입니다. 예를 들어 입원 시점 "입

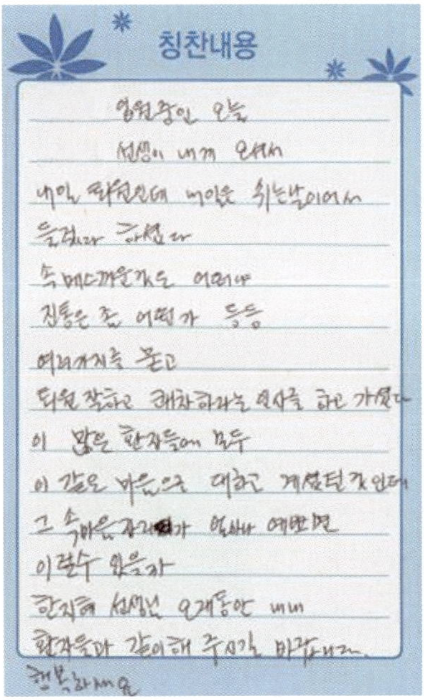

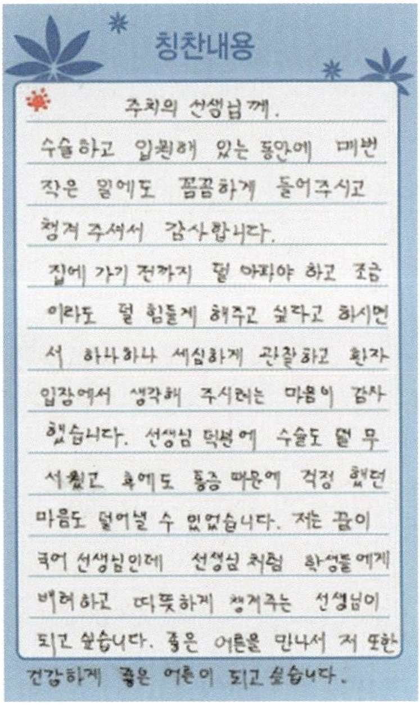

원 준비하시느라 고생 많으셨어요."로 정형외과병동 입원의 첫인상을 따뜻하게 디자인하는 것을 시작으로 수술 후에는 "수술 잘 받고 오셔서 다행이에요. 고생 많으셨어요."로 수술환자의 힘든 마음을 알아주며 위로를 전하기로 했습니다.

또한 수술환자가 주로 호소하는 통증에 "예상보다 많이 아프시죠? 많이 불편하시면 또 얘기해주세요."로 공감하고 그 통증을 조절하고자 하는 노력을 표현하여 환자가 보다 편히 통증을 표현할 수 있도록 했습니다. 마지막으로 수술 후 통증이 있는 상태로 퇴원해야 하는 환자의 마음을 헤아리며 "입원기간 정말 수고 많으셨습니다. 회복 잘하시기 바랍니다."의 쾌유를 기원하는 의료진의 마음과 함께 퇴원 후 회복을 위한 설명까지 겸하고 있습니다.

지금도 정형외과 입원환자를 위한 주요 포인트의 개선을 환자중심으로 진행하고 있습니다. 일방적인 빠르고 많은 설명보다 환자가 궁금해 하는 주요사항에 대한 쉬운 설명, 환자의 이해도에 맞춘 눈높이 설명과 환자의 불편사항에 적극적인 관심을 표현하는 태도 등은 퇴원하는 환자들에게 따뜻한 기억으로 남고 있습니다.

"나불편 님, 속 메스꺼운 건 어떠신가요? 통증은 좀 괜찮으신가요? 내일 퇴원이신데 제가 휴무라 퇴근 전에 뵙고 싶어서 왔어요. 빨리 쾌차하세요."

의료진의 작은 관심과 배려에도 환자는 크게 감동하고 나뿐 아니라 모든 환자들이 이렇게 따뜻한 경험을 할 것이라는 기대감을 갖게 됩니다. 그러한 기대감은 개별로 만난 의료진뿐 아니라 병원 전체의 신뢰와도 연결됩니다.

정형외과 입원간호경험을 디자인한 2021년 SEED는 환자와 간호사 모두를 위해 진행되었습니다. 환자중심 문화로 자리 잡아 서로에게 따뜻하게 기억되는 분당서울대학교병원 문화로 확산될 것으로 기대하며 소망합니다.

참고문헌 References

1 Fu, M.P., Lee, S.P., & Kazuo, S. (2011). Propose New Mass Customization Service.

2 He, K., Hyoung, S.E., & Hong, J.P. (2012). A Base Study on Healthcare Design

3 박진, 김동환 (2016). 의사의 커뮤니케이션 유형과 비언어적 커뮤니케이션 요소가 환자만족과 재방문의사에 미치는 영향 분석 : 병원 CEO를 위한 시사점, 전문경영인연구

4 L ee, S.P., et al. (2010). Understanding of Service Design and Foundation. Design Research,23 (1),71-81.

5 이민정(2020). 국내 진료면담에서 이루어지는 환자-의사 커뮤니케이션에 대한 연구

6 Stephanie Newell, Grad Cert Inn Entrep, Zoe Jordan, BA, MA, PhD. (2015). JBI Database of Systematic Reviews & Implementation Reports 2015_The patient experience of patient-centered communication with nurses in the hospital setting: a qualitative systematic review protocol

7 Szasz와 Hollender의 기본 모델(1956) (J. Balint & Shelton, 1996; Kaba & Sooriakumaran, 2007). 중 상호참여 모델 준용

8 이주명(2022). 서비스디자인 관점으로 본 환자경험평가의 문항특성분석과 대응_한국브랜드디자인학연구 20권. 1호

9 한국디자인진흥원 (2022). 서비스경험디자인 이론서 외

SNUH

분당서울대학교병원

chapter 3

만나러 갑니다

의사도, 간호사도, 약사도, 검사자도, 미화사원도, 보안요원도, 이송요원도
그리고 그 외 환자를 중심으로 긴밀하게 일하고 있는
수많은 스누비안 모두가 환자를 만나고,
그들의 일상생활을 돕는 사람들입니다.
스누비안의 따뜻한 가슴이 많은 환자들을 기억하고 있습니다.
특히 힘든 투병생활을 잘 이겨낸 환자들에게는
'정말 애쓰셨다. 다행이다. 이겨내줘서 고맙다'
박수를 쳐드리고 싶은 마음이 듭니다.
머리는 차갑고 가슴은 누구보다 뜨거운
분당서울대학교병원 의사선생님들이 기억하는
환자와의 에피소드가 궁금하시다면,
오랜 시간 병원과 함께해온 우리 환자들의 진짜 이야기,
그 따끈한 에피소드 속에서 가슴과 가슴으로 만나는
'인연'을 체험해보시면 어떨까 합니다.

잊지 못할 환자 그리고 인연

마취통증의학과 남상건 교수와 변○○ 환자

의사 대 환자가 아니라 인간 대 인간으로

지난 2003년부터 분당서울대학교병원을 다녔으니까 제가 이곳을 다닌 지 벌써 이십 년 지났네요. 저의 경우에는 병원을 오래 다니다 보니 정말 다양한 경험을 하게 되었는데요. 그 경험들 중에서 좋았던 기억만을 떠올려보자면, 세심한 배려와 존중, 그리고 관심을 받고 있다고 느꼈을 때인 것 같아요. 그동안 병원에 있으면서 스쳐 지나간 많은 기억들 중 가장 기억에 남고 고마웠던 사례를 몇 건 말씀드려볼까 해요.

제가 중환자실에 입원했었던 적이 있어요. 제가 근감소증을 앓다 보니 근육에 힘이 떨어져 눈을 뜰 수 없고 말도 할 수 없는 상황이었거든요. 외관상으로 보면 의식이 없다고 보였을 거예요. 중환자실의 특성상 중증환자들이 대부분이기 때문에 의사선생님이나 간호사 선생님들도 항상 긴장된 상태에서 일을 할 수밖에 없고요. 수시로 많은 환자들의 상태를 살피고 필요한 조치를 하는 것만으로도 그분들의 시간이 벅차다는 것을 잘 알기 때문에 의식이 없는 것처럼 누워 있는 저에게 누군가 따뜻하게 말을 걸어줄 거라는 생각조차 못했었죠.

그런데 아직도 그때 그분을 떠올리면 가슴이 따뜻해지고 저도 모르게 미소를 짓게 되네요. 중환자실 간호사 선생님 중 한 분이었는데, 제가 의식이 없다고 생각하셨을 텐데도 매일 제 손발에 로션을 발라주면서 "변○○님 오늘은 좀 어떠세요?"라고 물어봐주시더라고요. 그분이 저에게 어떤 희망적인 메시지나 위로의 말을 건네셨던 것도 아닌데 로션을 발라주시는 행동 하나, 오늘은 어땠는지 물어보는 그 한마디가 저에게는 그 어떤 말과 행동보다 고맙고 따뜻하게 느껴졌어요.

또 한 번은 응급실을 찾았을 때인데요. 그 당시 다리에 금이 갔는데 제가 깁스에 알레르기가 있다는 것을 모르고 깁스를 했어요. 깁스를 한 뒤 산소포화도가 많이 떨어지고 기침도 심하게 나서 급하게 응급실로 뛰어온 거죠. 응급실을 여러 번 경험해보니 자연스럽게 응급실에서는 환자의 차트를 미리 다 확인하고 오기가 쉽지 않다는 걸 아는데요. 그런데 그때 저를 치료해주신 정형외과 선생님이 계셨는데 미리 제 차트를 다 확인하고 오셨더라고요.

열이 오르고 기침과 함께 통증이 극심하게 몰려오면 응급실을 찾게 되는데 보통은 제가 모르핀이 필요하다고 하면, 대부분의 선생님들은 모르핀이 왜 필요한지부터 하나하나 물어보세요. 하지만 그 선생님은 미리 말씀드리기도 전에 제가 통증으로 인해 하루에 모르핀을 몇 밀리리터 맞는지, 하루 몇 번 맞는지 확인해주시면서 통증에 대해 알아서 약 처방을 해주시더라고요. 그 순간 안심이 되면서 정말 감사했어요. 의사선생님들이 환자에 대해 파악하고 있어야 하는 건 기본이긴 하지만 낯선 곳에서 어찌할 바를 모르고 있는 저를 따뜻한 손으로 잡아주는 기분이 들었거든요.

그리고 무엇보다 긴 병마로 인해 몸과 마음이 몹시 흔들렸던 저를 꽉 잡

아주신 남상건 교수님의 따뜻함을 들 수 있겠네요. 당시 저는 아픈 몸으로 인해 정신적으로도 너무 힘들어서 잠시 잘못된 생각을 했었어요. 수면제를 모아 생을 마감하자 그런 생각이요. 수면제를 사려면 처방전을 받아야 하잖아요.

그런데 남상건 교수님께 받은 처방전으로 죽을 수는 없겠다는 생각이 들더라고요. 교수님은 항상 환자들을 긍정적으로 대해주시고 현재 상황에 대해 친절하게 자세히 설명을 해주세요. 그래서 환자들 사이에서도 신뢰가 많이 가는 따뜻한 선생님으로 유명해요. 그분 진료는 시간이 지체되어 오래 기다리게 되더라도 화가 전혀 나질 않아요. 저에게 하신 것처럼 모든 환자들에게도 친절하고 자세히 설명해주시기 위해서라는 걸 잘 아니까요. 그런 존경하는 교수님의 처방전을 이용해 잘못된 생각을 했었다는 것이 무척이나 죄송스럽고 후회되었어요.

나름 오랫동안 분당서울대학교병원을 다녀본 환자 입장에서 보자면, 전반적으로 볼 때 과거에 비해 많이 친절해졌다는 생각이 들어요. 예를 들어, 특히 검사실 선생님들이 많이 친절해지셨어요. 예전 검사실 선생님들은 "일어나실 수 있으세요?"라는 말씀을 자주 하셨는데, 휠체어에 앉아 있는 환자에게 일어날 수 있느냐 묻는 것은 그 환자에게 또 한 번 상처를 주거든요.

그러나 요즘은 검사를 위해 일어나야만 하는 상황이 발생했다면 그 상황에 대해 자세하고 친절하게 설명해주시더라고요. 이동할 때도 과거에는 환자의 기분을 세심히 고려하지 않았다면 요즘은 이런 부분까지 세심하게 배려해주시면서 이동을 도와주세요. 얼마 전에는 한 검사실의 선생님께서 너무 친절하셔서 칭찬카드를 써드리고 싶었는데, 성함을 몰라서 아쉽게도 써드리지 못했습니다.

이외에도 통증센터 선생님들도 굉장히 친절하세요. 원래 급하게 당일예

약이 안 되는데도 통증이 너무 심할 경우에는 진료를 볼 수 있도록 배려를 해주세요. 오랫동안 앓게 되면 자존감도 떨어질 수밖에 없거든요. 아픈 몸과 무거운 표정으로 들어선 통증센터에서 밝고 따뜻한 간호사 선생님들을 마주하게 되면 제 기분 또한 덩달아 밝아지게 되더라고요.

간혹 의사선생님들 중에는 너무 많은 환자를 만나다 보니 환자와 눈도 마주치지 않은 채 말씀을 하시는 경우가 종종 있는 것 같아요. 환자는 그런 의사선생님을 보면 거리감과 함께 긴장감이 배로 증가돼 궁금한 것도 묻지 못한 채 진료실을 나오게 되기도 하고요. 최근에는 많은 '의사선생님들이 환자의 눈높이에서 시선을 맞추고 편안한 대화를 이어가시려 노력하시는 것 같아서 참 다행이다'라는 생각을 하곤 하거든요.

'의술은 인술이다'라는 말이 있듯, 의사선생님들이 진료나 회진 시에 환자들에게 '의사 대 환자가 아니라 인간 대 인간으로' 조금만 더 세심하게 배려해주시면 저희도 힘이 날 거예요. 그렇게 된다면 자존감이 바닥으로 떨어지고 모든 것을 놓아버리고 싶을 정도의 힘든 투병의 시간을 보내고 있는 그 누군가에게 견뎌낼 힘이 생길 것이라 생각해요. 단언컨대, 그 어떤 질병도 몸에 흔적을 남기는 것으로 그치지는 않아요. 병을 치료하다 보면 아픈 몸처럼 원치 않게 마음의 상처도 겪기 마련이고요. 아픈 몸뿐 아니라 마음의 상처 또한 이런 의료진들의 따뜻함으로 인해 치유될 수 있었으면 해요.

매서운 추위가 지나가야 꽃이 피듯, 타는 목마름이 지나야 달콤한 열매를 맺듯, 제게도 치유의 기쁨이 찾아와주길 간절히 바라봅니다. 아울러 아픈 이들을 위해서 불철주야 고생하시는 분당서울대학교병원 직원분들의 굵은 땀과 헌신적인 노력에 깊은 감사를 드립니다.

교수님, 어떻게 오셨어요!

저는 정말 교수님을 잘 만난 것 같아요. 아이도 그렇잖아요. 아이와 선생님이 잘 맞아야지, 그 선생님이 아무리 실력이 좋아도 아이랑 안 맞으면 발전이 없잖아요. 제 경우도 신뢰가 가고 믿음이 가니까 교수님만 믿고 다니고 있어요.

그리고 또 하나 좋았던 건 뭐냐면요. 제가 응급으로 투석을 하게 돼서 임시로 목에다가 급하게 카테터IJC(internal jugular vein cathter)를 하게 됐어요. 목에다가 카테터를 하면 목욕도 하지 못하고 여간 불편한 게 아니에요. 교수님은 제가 이런 고생을 하지 않게끔 동정맥루 수술을 미리 해두자고 하시더라고요. 그래서 교수님께서 혈관외과를 연결해주셔서 동정맥루도 만들게 되었어요.

제가 아이들도 어리고 신장 이식을 할 여러 가지 상황이 안 되니까, 계속 투석을 해야 했거든요. 이때 교수님께서 말씀해주신 거죠. '만약 응급으로 투석을 하게 되면 너무 많이 고통스러우니까 (동정맥루) 수술도 먼저 해두자고.'

교수님이 날짜를 잡아서 이때쯤 하면 좋겠다고 먼저 말씀을 해주셔서, 6월에 투석을 시작하고, 2월에 동정맥루 수술로 혈관을 키워놓은 후 투석실에서 3번 정도 투석을 진행했어요. 교수님은 그때마다 제가 투석에 잘 견딜 수 있는지, 혈관은 괜찮은지 아주 세심하게 봐주셨어요.

그리고 얼마 후에 운 좋게 신장 이식 수술을 받게 됐어요. 하지만 이식 거부반응이 나타나 요로감염으로 입원을 해야 했고, 그 당시 병실이 없어 일반내과 다른 교수님 앞으로 입원을 하게 되었죠. 심하게 열도 나고 많이 힘들었는데, 병실의 다른 환자들도 상태가 썩 좋지 않아서 저도 심적으로 참 힘들었어요. 더구나 위독한 할머니 옆자리라서 그 자리에 있기가 어려워 밖에 나와 초조한 마음으로 복도에 있었어요. 그런데 그때 김세중 교수님이 제 앞으로 오시는 거예요. 정말 놀랐어요.

"교수님! 어떻게 오셨어요?"

너무 반가워서 저도 모르게 크게 소리 질렀어요.

"전산에 보니까 김○○ 님 이름이 보여서 지나가다 들렀어요."

그 말에 어찌나 감동을 받았던지, 눈물이 확 쏟아졌어요. 아는 사람 하나 없는 이곳 분당서울대학교병원은 교수님만 믿고 온 곳이었고, 막상 힘들 때 이렇게 보니까 너무 좋았던 거죠.

'남이 준 신장이니까 더 잘 지키자.' 다짐을 하고 있었는데 병실에서 다른 환자 임종을 보니까 진짜 울컥하더라고요. 그때 교수님께서 오셔서 괜찮다고 위로해주시고, 이거만 지나면 괜찮아질 거라고 얘기하고 가신 거예요.

그날 참 많이 울었어요. 신장 이식하고 이제 잘 관리하려고 했던 건데 또 이렇게 입원을 하니까 너무 마음이 흔들렸던 거죠. 그렇게 가장 힘들 때 교수님이 찾아와주셔서 다독여주심에 무척 감동 받았어요.

신장 이식하고 이제 1년 반 정도 되었네요. 교수님이 이식을 하면 부갑상선 수치가 낮게 나와야 한다고 하셨는데, 1년 이상 지켜봐도 그 수치가 높게 나와서 이번엔 내분비대사내과를 소개해주셨어요. 진료를 받을 때마다 적절하게 알려주시고 조언해주시는 교수님이 계셔서 너무 감사해요.

아, 그리고 제가 참 감사해 하는 교수님이 한 분 더 계세요. 바로 제 '신장 이식 수술'을 해주신 이태승 교수님이에요. 한마디로 그분도 너무 좋으세요. 환자들은 불안감에 질문이 많잖아요. 그럼 그때마다 "괜찮아요. 괜찮아." 그냥 흔하게 내뱉는 말투가 아니라 진심으로 그러셨어요. 그분 표정을 보면 환자가 안심되게끔 따뜻하게 대해주시는 게 느껴지거든요.

"아유 괜찮아요. 이 정도면 너무 잘된 거야. 괜찮아."

이태승 교수님 목소리만 들어도 너무 안심이 돼요. 원래 신장 이식 수술하고 보통 3개월이 지나면 (신장)내과로 전향을 시켜주시더라고요. 그런데도 저는 수술 후 6개월까지 한 달에 한 번씩 이태승 교수님을 뵈었던 것 같아요. 교수님은 더 이상 오지 않아도 된다고 하시는데 그냥 진료비 내고 교수님 얼굴 한 번 더 뵙고 싶어서 그랬네요.

마지막으로 제가 그동안 분당서울대학교병원을 다니면서 느낀 게 하나 있어요. '병원 분들이 정말 친절하다!' 제가 긴 투병 기간 동안 직원분들 때문에 인상 찌푸린 적이 단 한 번도 없었거든요. 이식센터 간호사님들, 입원병동 선생님들, 외래 간호사님들까지, 모두 설명도 너무 잘해주시고 친절하게 대해주셨어요.

아픈 환자들에겐 말 한마디라도 따뜻하게 해주는 병원이 절실해요. 그런 면에 있어서는 정말 엄지 척, 해드리고 싶은 병원이에요. 이런 따뜻함을 바탕으로 하기 때문에 많은 분들이 이곳 '분당서울대학교병원'을 찾는 게 아닐까요? 앞으로도 뛰어난 인술과 의술을 펼치며 더 승승장구해서 세계에서 가장 손꼽히는 병원이 되길 바랄게요.

환자분의 건강한 모습이 최고의 선물입니다

처음 폐암 진단을 받았을 때, 사람 일은 정말 한 치 앞도 모르는 거구나 싶었어요. 저희 친정아버지가 폐암으로 돌아가셨는데도 이런 상황은 전혀 예상하지 못하고 있었으니까요. 폐암 진단을 받게 된 건 우연한 계기를 통해서였어요.

어느 날 남편과 함께 분당서울대학교병원에서 건강검진을 받게 됐어요. 평소 아프거나 불편한 곳도 없었고, '뭐 별 문제가 있겠어?' 하고 마음 놓고 있었는데, 찬물이라도 끼얹듯 폐암이 의심된다는 검사결과가 나왔어요. 말 그대로 청천벽력이었죠. 정신을 차리기도 전에 곧바로 외래진료를 잡고 검사를 받는데, 이런저런 검사실을 오가면서도 설마 아니겠지 싶고 현실감이 안 들더군요.

그렇게 손을 떨며 기다린 검사결과는 '폐암이 맞다'는 것이었고, 저는 김관민 교수님께 수술을 받기 위해 병원에 입원했어요. 몇 번을 들어도 실감이 안 났고, 걸을 때마다 바닥이 푹푹 꺼지는 것 같았어요. 처음 입원실에서 잠드는 날엔, 불 꺼진 병실보다 제 앞길이 몇 배는 더 깜깜한 것 같았지요.

길다면 길고 짧다면 짧았던 입원생활 중에 가장 힘든 것은 다른 무엇도 아닌 바로 제 마음이었어요. '암'이라는 진단을 받아본 사람이라면 누구든 이 감정을 겪어봤을 거예요. 하루에도 열두 번씩 겁이 나서 식은땀이 흐르고, 혹시라도 잘못되면 어떡하지 싶어 가슴이 마구 뛰었어요. 신경이 곤두서서 병실 바깥에서 들리는 의료진들의 목소리와 발소리에도 화들짝 놀라기 일쑤였고요. 나중에 남편이 그러길, 입원해 있는 동안 제가 딴사람이 된 것 같았다나요. 하긴, 가끔은 더 늦기 전에 주변 사람들에게 인사를 해두어야 하는 게 아닐까 하는 생각마저 할 정도였으니까요.

그때 제가 얼마나 심리적으로 흔들리고 있었는지는 말 다 한 거죠. 마음이 이렇게 심란하니 당연히 식욕도 없고 잠도 안 왔어요. 하루는 뭘 먹기만 해도 배가 아프고 메슥거려서 식판을 붙들고 한참 씨름을 해야 했던 적도 있어요. 간호사님들이 워낙 신경을 많이 써주시기도 했고, 수술 전 컨디션 관리가 중요하다는 걸 알아서 최대한 잘 먹고 잘 자려고 노력하긴 했지만, 그래도 그 입원기간이 제 인생에서 가장 입맛 없고 잠 안 오는 기간이었을 거예요.

그럼에도 불구하고 제가 이 기간을 견딜 수 있었던 건, 남편이나 가족들 덕이 매우 컸지만, 그에 못지않게 의료진분들 덕도 참 컸다고 생각해요. 아무래도 입원환자 특성상 하루의 절반 이상을 의료진분들과 보내게 되잖아요. 저 말고도 수많은 환자를 보실 텐데도 모든 환자에게 매우 세심하게 임하시는 모습을 보고 놀랐어요. 가끔 TV에 나오는 병원 의료진들을 떠올리며 은연중에 긴장하고 있었는데 말이에요.

입원 초에, 제가 유독 식사를 못하고 잘 못 잔다는 걸 알고 계셨는지 그

점까지 따로 신경 써주시는 모습에 '역시 대한민국 최고의 병원은 뭐가 달라도 다르구나' 하는 생각도 새삼 들었어요. 간호사님들과 종종 불편한 곳이 있는지 하는 대화를 주고받았는데, 병동 간호사님들이 저에게 건넨 다정한 한마디가 아직까지도 기억에 남아요.

"박○○ 님, 암 수술이라 많이 걱정되시죠? 의료진 모두 최선을 다하고 있어요. 환자분도 지금처럼 잘해주시면 곧 완쾌되실 수 있어요. 힘내시고, 불편하신 게 있으면 언제든지 얘기해주세요."

그분들은 그냥 가볍게 건넨 한마디였을 수도 있지만, 그때의 제게는 정말 큰 위로가 되었거든요.

사실 이 무렵 아파서 입원한다는 게 생각보다 더 외로운 거구나 하는 느낌을 받고 있었어요. 일단은 긴 시간 집을 떠나고 가족들을 떠나 혼자 생활하는 거잖아요. 낯선 사람들과 부대끼면서요. 그것만으로도 충분히 힘든데, 병과 싸우기까지 해야 하니 도무지 마음을 다잡을 수가 없었어요. 정신적으로 지칠 수밖에 없더라고요. 물론 가족들이 챙겨주고 도와주긴 하지만 결국 고통을 견디는 건 저 혼자만의 몫인 것 같아서 가끔은 부정적인 생각으로 머릿속이 꽉 차기도 했는데…….

간호사님들의 그 말을 듣고 외롭다는 느낌에서 벗어날 수 있었어요. 의료진분들의 이런 다정함과 섬세함이 없었더라면 안 그래도 힘든 입원생활이 더 힘들어졌겠죠? 예민해진 저를 신경 쓰느라 고생하셨을 간호사님들을 생각하면 아직까지 참 죄송스러우면서도 그저 감사할 뿐이에요.

수술이 잘 끝난 후에는 나름대로 몸 관리를 하고 주기적으로 병원을 다니고 있어요. 병원을 오가는 동안에도 여러 의료진분들을 만났고, 변함없

이 친절한 모습에 마음이 따뜻해지기도 했어요. 병원 복도에서 아는 얼굴을 보면 인사는 못하더라도 어찌나 반가운지요. 그리고 우리 교수님은 진료 때마다 어찌나 친절한 태도로 말씀을 건네주시는지 몰라요.

그렇게 보낸 시간이 벌써 5년이나 됐네요. 그리고 제가 마침내 '완치 메달'을 받게 되었어요. 완치되었다는 말을 처음 들었을 때는 너무 놀라고 현실감이 없는 나머지 교수님께 재차 물어보기까지 했어요. "저 정말 완치된 거 맞나요?" 하고 말이에요.

처음 폐암 진단을 받은 날과 완치 메달을 받은 오늘 중 언제 더 놀랐냐고 물어보면 저는 아마 오늘이라고 대답할 것 같아요. 이제 더는 병원에 오지 않아도 된다는 사실이 꿈만 같아서 볼이라도 꼬집어봐야 하나 싶었어요. 너무 감사한 마음에 선생님께 조금이라도 보답하고 싶어서, "저 뭐라도 선물하고 싶은데 가능할까요?" 하고 물어봤어요. 그랬더니 김관민 교수님이 웃으며 그러시더라고요.

"환자분이 건강하신 게 제게 가장 큰 선물입니다."

그 말을 들으니까 알 것 같았어요. 교수님이나 의료진들이 어쩜 그렇게 친절하고 세심할 수 있었는지요. 밤낮없이 바쁘게 일하면서도, 환자들의 건강과 편안함을 가장 소중한 가치로 생각하기 때문이 아니었을까 싶어요. 교수님의 미소 띤 얼굴과 따뜻한 한마디가 오래도록 마음에 남을 것 같습니다. 물론 다른 분들이 보여주신 따뜻함도 그 힘들다는 암 투병을 꿋꿋하게 견뎌낼 수 있었던 기둥이 되어주었고요.

앞으로 그럴 일은 없는 게 제일 좋겠지만, 주변에 길게 입원하거나 오래 치료받아야 하는 사람이 생긴다면 전 주저 없이 이때 얘기를 해주며 분당서울대학교병원을 추천할 거예요. 병원의 모든 의료진분들, 그동안 정말 감사했습니다. 앞으로 더 건강하게 살게요.

우리 함께 이겨내요!

15년 전, 그러니까 2008년이었어요. 저는 복통을 비롯한 이런저런 증상들로 인해 병원을 찾았고, 그대로 크론병을 진단받았어요. 지금에 와서야 15년째 치료를 받고 있으니 이렇게 담담하게 말하지만, 당시에는 너무 놀랐던 기억이 나요. 15년이라니 새삼 참 오랜 세월이네요. 어쨌든 크론병이라니, 이름만 간신히 들어보았을 뿐 생전 처음 접하는 병이었는데 제가 바로 그 병의 환자라는 거예요. 황당할 지경이었죠.

저는 그때 선뜻 치료를 결정하기가 어려운 상황이었어요. 제 건강 상태도, 개인적인 상황도 모든 게 최악이었거든요. 아이는 아직 어렸고, 무엇보다도 얼마 전에 남편이 뇌졸중으로 쓰러진 상황이었거든요.

육아와 간병, 이 둘만으로도 숨이 차는데 거기에 제 치료까지 얹으라는 건 말이 안 되는 소리였죠. 시간도 모자라고, 제 기력도 모자라 나을 병도 못 낫고 스트레스를 받을 게 분명했습니다. 그리고 뇌졸중이라는 심각한 병을 얻은 남편을 뒷바라지하기 위해서는 일단은 그냥 제가 참는 게 맞지 않을까 하는 생각도 했었죠.

김나영 교수님께 이런 생각을 말씀드릴 때까지만 해도 제 마음은 치료를 중단하는 쪽으로 기울어 있었어요. 이 말을 들은 교수님의 반응은 당연히 좋지 않았죠. 교수님은 지금 치료 중단은 안 된다고 강하게 만류하셨어요. 지금 치료를 중단하면 안 되는 이유를 어찌나 단호하면서도 설득력 있게 말씀하시던지, 교수님의 말씀을 다 듣고 나자 제가 괜한 생각을 하고 있었다는 게 느껴지더라고요.

그래서 치료에 매진하기가 망설여진다며 이런저런 사정을 털어놓았더니, 교수님이 선뜻 발 벗고 나서서 방법을 찾아보겠다고 해주셨어요. 그냥 지나가는 말씀인 줄 알았는데, 교수님은 정말로 저를 위해 방법을 찾아주셨어요. 하도 열심히 알아봐주시는 게 가끔은 저보다 교수님이 더 열심이신 게 아닐까 하는 생각이 들기도 했죠.

사실 말이 쉽지, 환자의 개인적인 사정을 고려해서 환자가 치료받을 수 있는 방법을 찾아낸다는 게 정말 수고로운 일이잖아요. 환자 진료만 하기에도 바쁘실 텐데 참 대단한 분이시구나 싶었어요. 실제로 교수님은 3번이나 의료사회복지팀에 직접 연락하셔서 도움을 받을 수 있는 방법을 찾아서 연결해주셨고, 정말 큰 도움과 지지를 받으며 치료를 이어갈 수 있었어요. 교수님께서 제게 마음을 많이 써주신 덕분에 저는 치료를 결정할 수 있었고, 병원의 적극적인 도움과 함께 조금이라도 편안해진 마음으로 치료에 임할 수 있었어요.

제 경우처럼 장기적인 입원, 혹은 통원치료가 지속되면 환자도 의사도 지치기 쉽다는 이야기를 들었어요. 그래서 체력과 마음을 잘 다스려야 한다고요. 의사선생님들께는 사명감과 직업의식이 있으니 조금 나은데, 환자들의 경우엔 길어지는 치료에 대한 동기부여를 받기가 굉장히 어렵다고도

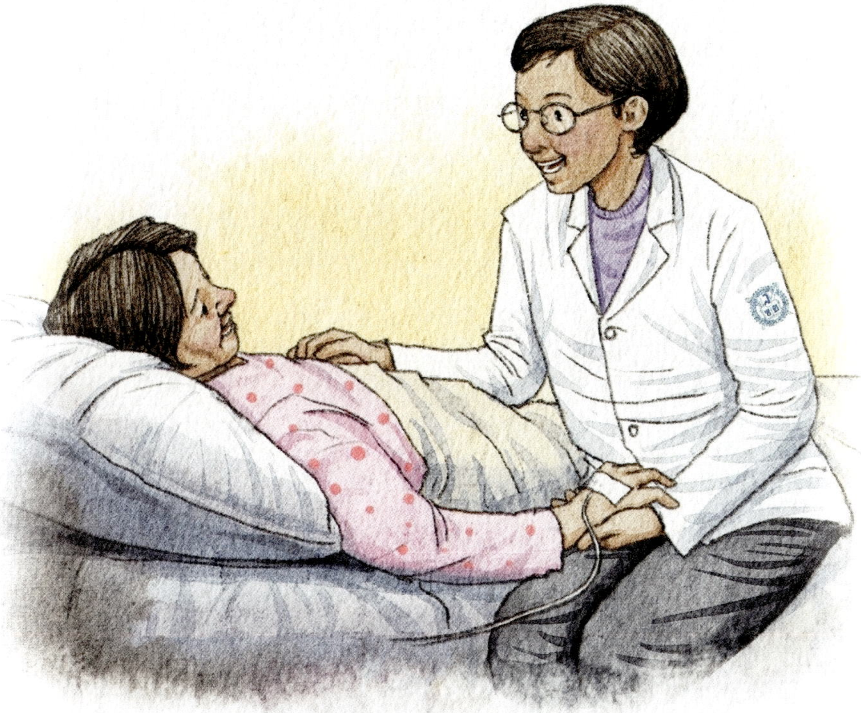

하더라고요.

처음에 이런 설명을 들었을 때는 어리둥절했어요. 아무리 치료가 힘들어도 그렇지, 남도 아닌 내 몸이 아픈 것을 낫게 하려고 받는 치료인데 설마 그렇게까지 지칠까? 하지만 그렇게 생각했던 게 무색하게도, 저에게도 오더군요. 환자가 지치는 바로 그 시기가요. 저 또한 긴 치료에 지쳐서 마음속에 회의감이 싹트기 시작했어요. '이 정도 했으면 할 만큼 했지.' 지금 증상이 죽을 만큼 심한 것도 아닌데, 괜히 치료에 너무 많은 시간을 들이며 스트레스 받고 있지 않나 싶기도 하고요.

하지만 그런 제 생각을 무 자르듯 잘라내 주신 건 당연히 김나영 교수님이었어요. 제가 느낀 회의감을 그대로 말씀드렸더니, 교수님은 천천히 고개를 끄덕이시면서 저처럼 치료가 길어지는 대부분의 환자들이 이런 시기를 겪는다고 하시더라고요. 그러면서 이 시기를 잘 견디는 게 중요하다며 용기를 주셨어요.

마음이 참 따뜻한 김나영 교수님은 해외연수를 가시거나 자리를 비울 때면, 제가 걱정이 되어 몇 번이나 다른 교수님에게 부탁을 하고 가셨다고 하더라고요. 교수님은 제게 이런 말로 힘을 주셨어요.

"김○○ 님은 참 마음이 많이 가는 환자예요. 힘든 투병과정을 강인한 멘탈로 매번 이겨내는 걸 보면, 의사로서 정말 고마워요. 앞으로도 지금까지처럼 강인하게 잘 이겨내 주었으면 좋겠습니다."

제가 그동안 이를 악물고 버텨온 건 교수님 덕분이에요. 김나영 교수님이 안 계셨다면 저는 아마 지금까지의 투병과정을 버티지 못했을 것 같아요. 힘들고 긴 시간에 가끔은 좌절하기도 했지만, 그때마다 병원과 교수님을 끝까지 신뢰하고 있었기에 극복해낼 수 있었어요. 덕분에 지금은 많이 호전된 상태예요.

지금도 크론병을 관리하는 건 많이 힘들어요. 여전히 일상생활 중의 사소한 실수로 인해 몸 상태가 뒤바뀌기도 하고요. 그런 일이 누적되면 다시 부정적인 생각들이 고개를 들이밀기 시작하죠. 그러다가 가끔씩 교수님께 호되게 혼이 나기도 해요. 혼나고 나면 부정적인 생각들은 싹 사라진 후더라고요. 그리고 반대로 제가 잘하고 있을 때는 칭찬도 많이 해주시곤 해요.

제가 흔들릴 때마다 때로는 부드러운 설득으로, 때로는 카리스마 있는 한마디로 저를 다잡아주시는 교수님, 교수님이 아니었다면 아마 제 투병은 몇 배로 힘들어졌을 거예요. 지금 제가 이만큼 호전된 건 전부 교수님 덕분이에요. 앞으로도 흔들리지 않는, 성실한 환자가 될게요.

외과 김형호 교수와 조○○ 환자

한 치의 망설임 없이 분당서울대학교병원을 추천할 겁니다!

저는 전주에 살고 있습니다. 2017년에 위암 수술을 받았고, 5년 후인 2022년 4월 1일 완치 판정받았죠. 하지만 완치 판정을 받은 지금도 그 당시 위암 진단을 받았을 때를 떠올리면 여전히 가슴 한구석이 '쿵!' 하고 내려앉는 것 같습니다.

평소 위가 좋지 않아서 집에는 항상 소화제와 소화에 좋다는 매실 엑기스까지 여러 가지를 상비해두고 있었습니다. 조금이라도 과식을 하는 날이면 어김없이 속이 답답하고 아파서 소화제를 먹고도 새벽이 되어서야 겨우 잠을 잘 수 있었죠. 속 쓰림이나 더부룩함을 자주 겪다 보니 그때도 대수롭지 않게 넘겼습니다.

하지만 약을 먹어도 효과가 없고 증상이 지속되니 살짝 불안한 생각이 들었어요. 그래서 집 근처 병원을 찾아가 건강검진을 받았습니다. 위내시경 검사를 마치고 결과를 듣기 위해 진료실을 들어섰는데 혹시 위암이면 어떡하나라는 생각에 몹시 긴장하게 되더군요. 제발 별일이 없었으면 하는 제 바람은 의사선생님의 말과 함께 무참히 깨져버렸습니다.

"음…… 위암입니다."

그 말을 듣는 순간 하늘이 정말 노래진다는 말이 어떤 것인지 실감할 수 있었습니다. 설상가상으로 위암이 깊이 위치해 있기 때문에 개복 수술을 할 수밖에 없다는 말을 들었습니다. 평소에 개복 수술이 복강경 수술보다 회복도 늦고 수술 후에 통증도 심하다고 들었기에 개복 수술이 여간 부담스러운 게 아니었습니다.

다음 날 가족들의 긴급회의가 열렸습니다. 어느 병원에서 수술을 받을 것인가를 두고 회의를 했는데, 아무래도 암 수술이다 보니 대형병원에서 수술 받는 것이 좋겠다고 의견이 모아졌습니다. 그래서 아들이 위암에 관한 많은 정보를 파악하고, 전국 위암 권위자를 수소문하였습니다.

그 결과 가족 모두 분당서울대학교병원 김형호 교수님께 수술을 받는 것이 좋겠다는 결론을 내렸습니다. 그렇게 김형호 교수님을 찾아 이곳 분당서울대학교병원까지 오게 된 것입니다. 첫 진료일을 예약하고 그날까지 기다리는 동안 참 많이 힘들었습니다. 현실적으로 불가능하다는 것을 너무나 잘 알고 있으면서도 당장 내일이라도 진료를 받고 싶었습니다. 제 몸속에 있는 암조직이 매분마다 커지고 있는 것 같았으니까요.

더디게만 흘러가는 것 같던 시간을 보내고 드디어 외래진료를 받는 날이 되었습니다. 처음 분당서울대학교병원에 들어섰을 때 느낌은 무척 크고 깔끔하다는 것이었습니다. 그리고 나처럼 아픈 사람들이 생각보다 많다는 것에 놀랐고요. 드디어 김형호 교수님께 외래진료를 본 뒤 위내시경 검사를 하고 그 결과를 토대로 수술부위에 대한 설명과 함께 수술날짜를 잡았습

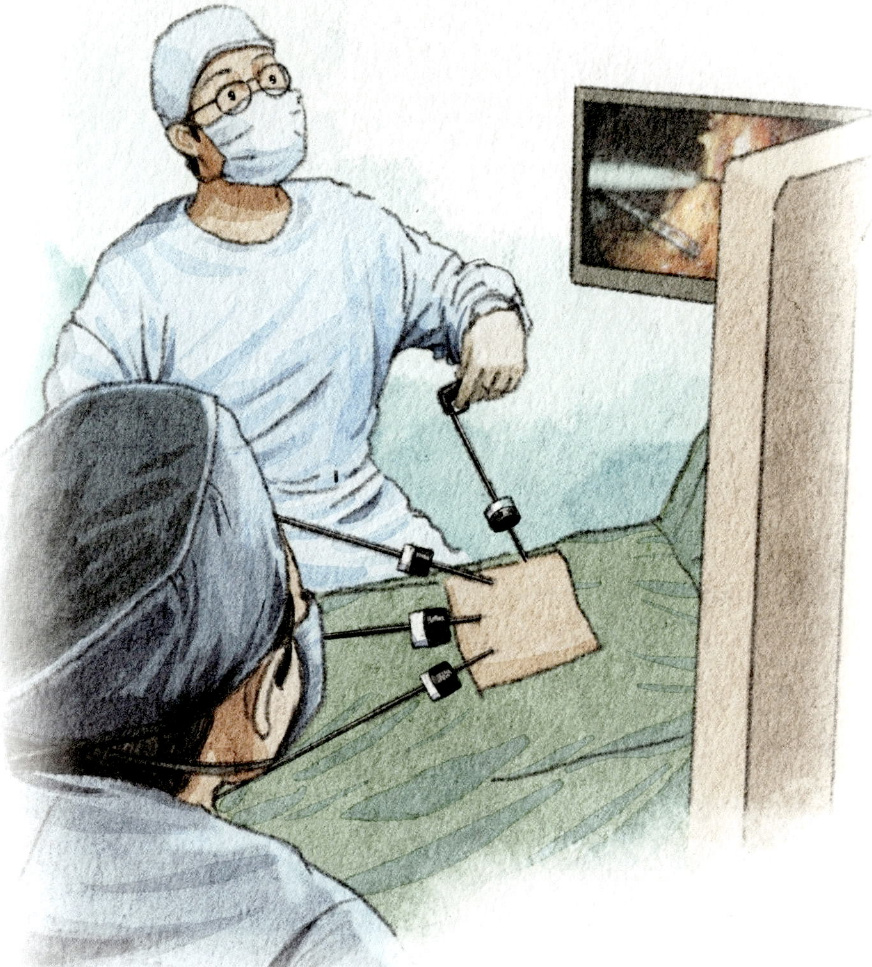

니다. 집 근처 병원에서는 개복 수술을 해야 한다고 했었는데 교수님의 복강경 수술이 가능하다는 말씀에 비로소 무거운 마음을 내려놓을 수 있었습니다.

수술날짜를 결정하고 난 후, 그동안 부정적인 생각들과 불안함을 최대한 억누르려 노력하면서 딱 한 가지 생각에만 집중했습니다. 즉, 최대한 좋은 컨디션을 유지해 수술을 성공적으로 받아야겠다는 생각뿐이었습니다. 그렇게 두 달도 채 안 되는 시간 동안 외래진료, 위내시경, 위 절제 수술까지 다 끝낼 수 있었습니다. 대형병원이라 그런지 진료에서부터 수술까지 모든 것이 체계적인 시스템에 따라 순조롭게 진행되는 것을 느낄 수 있었습니다.

수술 후 김형호 교수님의 회진을 기다리는 동안 입이 바짝바짝 말랐습니다. 혹시 예상했던 것보다 암의 기수가 더 진행된 건 아닌지, 혹시 다른 장기로 전이가 된 건 아닌지 하는 생각에서 말이죠. 이윽고 교수님께서 회진을 오셨고 저는 어떤 말씀을 하실지 긴장하며 기다렸습니다. 교수님께서 웃으시며 저에게 복강경 수술로 암조직을 말끔히 떼어냈으며 수술이 아주 성공적으로 잘 끝났다고 말씀해주셨습니다.

내 몸에서 암조직이 깨끗하게 없어졌다는 말씀에 교수님께 감사하다는 말씀을 드렸더니 밝게 웃어주시더군요. 교수님의 그 따뜻한 웃음이 입원기간 동안 참 많은 힘이 되었습니다. 그리고 매번 외래 때마다 따뜻한 격려와 함께 현재 제 몸 상황에 대해 친절하고 자세히 설명해주셨습니다.

환자들은 진료실에서 의사선생님을 마주할 때마다 긴장과 불안함을 느끼기 마련입니다. 그런 긴장된 마음으로 마주한 의사선생님이 건네시는 따뜻한 눈빛과 격려의 말씀은 환자 입장에서는 가뭄에 단비처럼 고맙게 느껴집니다. 제가 그랬듯 다른 환자들 또한 진료실에서 받은 격려와 위로가 건강한 삶으로 복귀하고자 하는 그들의 노력에 크나큰 원동력이 될 수 있습니다.

완치를 받은 지금도 그 당시 김형호 교수님을 비롯해서 많은 의료진들이 전해주신 따뜻함은 잊을 수 없는 감동으로 남아 있습니다. 정말 감사했습니다. 모든 사람들이 건강하기를 소망하지만, 혹시라도 주변 사람들 중에 저처럼 불행하게도 위암에 걸린 사람이 있다면 한 치의 망설임 없이 김형호 교수님께 수술받을 것을 추천해드리고 싶습니다.

SNUH
분당서울대학교병원

chapter 4

스누비안이 한다

태양처럼 뜨거운 감정을 대변하는 영혼의 꽃, 해바라기.
하루 종일 해를 따라다니고, 밤엔 해가 진 쪽을 향해 있다가 다시
아침엔 뜨는 해를 향해 고개 드는 밝고 순수한 꽃.

이와 마찬가지로 분당서울대학교병원 또한
'환자바라기'라고 해도 과언이 아닙니다.
오로지 환자들의 쾌유를 위해 온 정성을 다해 노력하고 있는 직원들은
자발적으로 불편사항에 민감하게 반응하고,
관련부서들은 이를 개선하기 위해
'자율적 혁신활동'을 진행하고 있습니다.

환자바라기 분당서울대학교병원이
그동안 진행한 주요 개선활동은 어떤 내용인지
소개해드리겠습니다.

환자를 위해서라면
스누비안은 기꺼이 합니다

약제부 특수조제팀장

정영미

정확한 약 복용이 어려우셨죠?

복약 간소화

2016년 말쯤 60대 후반의 퇴원환자께서 매우 난감한 표정으로 복약상담 약사에게 "약 먹는 방법이 왜 이렇게 복잡해요? 약 먹다 하루 다 보내겠어요."라고 항의하셨습니다. 비슷한 시기에 정형외과 주치의는 "정해진 대로 약 처방을 해드렸는데 약국에서 올라온 약들이 같이 먹게 안 되어 있고 따로 포장되어 있어요. 복용시간도 제각각이라 환자들이 약 복용을 힘들어하세요. 편하게 복용하도록 할 방법이 없나요?"라고 문의했습니다.

약 복용 횟수가 많고 복용법이 복잡하다는 불만을 간간이 들었지만, 이렇게 환자와 의료진의 연이은 불편함 호소를 받게 되니까 약 복용법 간소화에 대한 필요성이 더욱 명확해졌습니다. 당시 조사에서 1일 5회 이상 약을 복용해야 하는 환자비율이 40.6%로 나타나 환자편의를 위한 확실한 방안이 절실하다고 판단했습니다.

그래서 2017년 초에 '약 복용 간소화'를 위해 약제부, 4개 진료과, 간호본부, 진료행정팀 멤버가 개선을 위한 팀을 구성하여 다양한 시도를 행하였습니다. 그중 가장 효과적이었던 시도를 소개하고자 합니다.

먼저 약 복용 횟수가 많고 복잡한 이유로 기본용법인 '식후 30분'을 들 수 있습니다. 대부분의 약은 식사여부와 상관없이 복용이 가능함에도 불구하고, 우리 병원을 비롯한 대부분의 의료기관들은 예전부터 식후 30분에 약을 복용하도록 유도하였으며 환자들은 이를 당연하게 받아들였습니다.

이러한 약 복용법은 외국에 없는 우리나라에서만 존재하는 기본용법으로, 위장관 부작용에 대한 우려와 식사를 중시하는 문화의 결합에서 기인된 것으로 추정됩니다. 오래전 의사가 약을 수기로 처방하던 시절에도, 전자의무기록 시스템으로 처방하는 2017년 당시에도 식후 30분 용법은 기본으로 설정되어 유지되어 왔습니다.

기본용법이었던 '식후 30분' 삭제

어떤 약들은 효과를 위해 반드시 정해진 용법을 지켜야 합니다. 예를 들어 음식과 상호작용으로 인해 식사 직후 또는 식사 2시간 후에 복용해야 하는 약들이 있습니다. 이런 약들과 기본용법의 약들이 동시에 처방되면 함께 복용해도 무방하나, 정해진 복용법이 다르기 때문에 따로 포장되고 조제되어 결국 다른 시간에 복용해야 하는 상황이 발생하게 되기도 합니다. 거기에 일정 간격을 두고 규칙적으로 복용해야 하는 항생제 등이 추가되기라도 하면 약 복용 횟수는 더 늘어나게 되는 것입니다.

이에 식사와 관계없이 복용해도 되나 식후 30분에 복용하도록 유도되었던 약들과 식사 직후에 복용하도록 정해진 약들의 복용법을 '식후'로 일원화할 것을 결정하고, 병원 내 의사결정기구에서 검토 및 승인받아 즉시 시행하였습니다.

이 시도로 우리 병원에서 식후 30분 복용법은 더 이상 존재하지 않게 되었으며, 두 용법의 약제가 같이 처방되는 경우 불필요하게 따로 복용해 왔던 것들도 같은 시간에 함께 복용할 수 있게 됐습니다. 그리고 환자와 의료진 및 직원들에게 이를 알리기 위해 병동 게시판과 외래진료 대기실에 포스터를 제작하여 부착하였고, 직원들에게도 알리기 위해 사보와 인트라넷에도 적극적으로 공지했습니다.

약 복용법 간소화 이후, 약제부에서는 환자에게 약에 대한 안내문과 함께 복약시간표도 제공해드리고 있습니다. 복약시간표는 환자 개개인에 대

1일 약 복용 횟수 5회 이상의 환자비율 0.6%에서 19.3%로 감소

한 맞춤형으로 시간 순서에 따라 복용해야 할 약을 이미지와 함께 일목요연하게 보여주고 있습니다. 이를 통해 환자가 약 복용에 대한 이해를 높여 정확하고 안전하게 복용할 수 있도록 유도하고 있습니다.

이상과 같이 약제부는 복잡한 약 복용법을 간소화하고 복약시간표를 함께 제공함으로써 환자가 우리 병원에서 긍정적인 경험을 할 수 있도록 지속적으로 노력하고 있습니다. 우리의 약 복용 간소화는 다른 어떤 의료기관보다 앞선 시도였고 이후 다른 병원에 영향을 주고 있습니다. 이는 환자들의 불만사항을 놓치지 않고 개선하려 노력한 끝에 얻은 뜻깊은 결실이 되었습니다. 앞으로도 환자들의 한마디 한마디에 귀를 기울여 더 나은 분당서울대학교병원 약제부가 되도록 노력을 다하겠습니다.

복 약 시 간 표 1 / 1

성 명 : ○○○ **진료일자 :** 2020-08-06 **투약번호 :** [원내] 100
등록번호 : 12345678 **진 료 과 :** NNR (신경과 (뇌신경센터)) **진 료 의 :** OOO

약품명		복용시간별 용량							용법
		아침		점심		저녁			
		식전	식후	식전	식후	식전	식후	자기전	
	퍼킨정 25/100mg (l-dopa 100mg /Carbidopa 25mg tab)		0.75 정		0.75 정		0.75 정	0.75 정	1일 4회 식후,자기전에 복용하세요
	모티리톤정 30mg (Motilitone(R) tab 30mg)		1 정		1 정		1 정	1 정	1일 4회 식후,자기전에 복용하세요
	미라펙스정 0.125mg (Pramipexole 0.125mg tab)		2 정		2 정		2 정		1일 3회 아침,점심,저녁 식후에 복용하세요
	트리헥신정 2mg (Trihexyphenidyl 2mg)		0.5 정		0.5 정		0.5 정		1일 3회 아침,점심,저녁 식후에 복용하세요

의료사회복지팀장

김은영

의료사회복지팀에서 함께 고민해드립니다

先 연락, 後 경청

외래진료를 위해 방문하는 환자와 보호자, 하루 6천 명 이상.
하루 200명 이상의 환자들이 입원하는 병원.
진료 보기 전부터 걱정과 두려움을 안고 가야 하는 3차 병원상급종합병원.
그리고 환자들의 가슴을 철렁 내려앉게 만드는 의사선생님의 말씀들.

"몇 가지 검사를 더 해보고 다시 뵙도록 하겠습니다."
"수술하는 게 좋을 것 같습니다. 수술일정 잡겠습니다."
"일단 약을 처방해드릴 테니까 일주일 뒤에 다시 오세요."

진료실에서 이런저런 얘길 들은 후 대부분의 환자들은 '내가 정말 큰 병이 난 게 아닐까?'라고 생각하며 의사선생님의 말을 그대로 따릅니다. 하지만 개인 사정이 좋지 않은 환자들은 '저 검사까지 하고 입원하면 돈이 많이 들 텐데……' 하며 다시는 병원을 찾지 않는 경우도 많습니다. 간혹, 모든 입원치료가 끝나고 퇴원하는 날 "돈을 다 준비하지 못했어요. 퇴원을 좀 미룰 수 있을까요?"라며 뒤늦게 고민을 털어놓는 환자분들도 계십니다.

이는 돈에만 국한된 문제는 아닙니다. 본인이 입원하면 집에 혼자 남을 할아버지 때문에 걱정이라는 할머니, 수술 후에 간병해줄 가족이 없어서 막막하다는 젊은 청년 등 생각보다 많은 환자분들이 입원을 했을 때 예상되는 여러 문제 때문에 치료를 쉽게 결정하지 못합니다. 이처럼 환자의 치료를 방해하는 요소들이 너무나 많습니다.

그러나 이런 고민들은 먼저 이야기하지 않으면 병원 직원들은 절대 알 수 없습니다. 행여, 구구절절 이야기한다고 하더라도 해결책을 함께 고민해줄 수 있는 병원 직원들은 드뭅니다. 전문인력을 만나야 해결책이 보일 수 있습니다. 환자의 어려운 상황을 듣고 해결책을 같이 찾아보는 사람들, 바로 의료사회복지사입니다.

사회복지사가 먼저 전화드리겠습니다

'귀가 화근이 되는 경우는 없다'라는 서양 속담이 있습니다. 답답한 심정을 환자분들이 먼저 말씀을 하지 않으면, 아무리 전문가라도 무엇 때문에 치료를 망설이고 있는지 알지 못합니다. 그래서 우리 의료사회복지사들은 머리를 맞대고 고민에 고민을 거듭했습니다.

"환자 전체의 목소리를 들을 수 없다면, 어려움이 있을 것이라 예상되는 분들을 우리가 먼저 찾아서 말씀을 들어보면 어떨까?"

하지만 생각은 참신하였으나 무형의 생각을 시스템으로 구축하기 위해서는 먼저 해결해야 할 난관들이 산적해 있어서 일여 년간 차근차근 준비하기 시작했습니다.

외래 간호사, 전산개발자, 의료사회복지사 등 관련부서 직원들이 모여 이런저런 궁리를 하며 복잡한 퍼즐을 하나씩 맞춰나갔습니다. 그렇게 자율적 혁신활동이 시작되었고, 2019년 4월, 드디어 입원을 앞둔 모든 의료급여 환자들을 먼저 상담할 수 있는 전산 시스템이 가동되었습니다.

외래진료 후 입원안내문에는 '사회복지사가 전화드릴 예정입니다.'라는 문구가 찍혔고, 외래 간호사들은 이 낯선 문구에 대해 환자와 보호자분들에게 추가로 설명을 해야 했지만 모든 혁신활동 멤버들 덕분에 담당 의료사회복지사는 입원 오더를 받은 그날 또는 그 다음 날 환자와 보호자분들께 먼저 전화를 드릴 수 있게 되었습니다.

담당자로부터 전화를 받은 환자분들의 반응은 천차만별이었습니다. 안 그래도 큰 걱정을 하고 있었는데 먼저 전화를 해줘서 너무 고맙다는 분, 다행히 실비보험이 있어 병원비는 걱정 안 해도 될 것 같다는 분, 간병해줄 사람이 없는데, 간병인은 어떻게 구해야 하냐는 분 등 대체적으로 먼저 관심을 갖고 전화해 주어 고맙다는 반응이었습니다.

또한 입원을 앞두고 혼란스러운 마음과 궁금한 점들을 하나하나 묻고 답해드리고 나면, "아! 이런 방법이 있었네요! 덕분에 마음 푹 놓고 입원할 수 있겠어요." "입원 전에 미리 주민센터에 신청해야 하는 거였네요. 당장 알려주신 대로 할게요!"라며, 환자분들 스스로 해결책을 찾아내기도 합니다.

이 시스템 가동으로 예전보다 의료사회복지사들의 업무량이 많이 늘어났습니다. 그러나 우리의 수고로움이 병마와 싸우고 있는 환자분들에게 든든한 방패막이가 되어준다면, 기꺼이 힘듦을 감내할 수 있습니다. 덕분에

잘 해결되어, 치료에 집중할 수 있다는 말 한마디면 저희는 더 바랄 게 없습니다.

환자분들의 사연에 귀기울이고 있습니다

작년 봄, 비뇨의학과로 짧은 입원을 앞두고 있는 할아버님께 전화를 드렸습니다. 영구임대 아파트에서 할머니와 단둘이 사는 할아버지는 입원비를 마련하기 위해 식비라도 아껴야 한다면서 불편한 몸을 이끌고 할머니와 함께 탄천에 나가 쑥을 캐러 다니셨다고 합니다. 전화를 드렸을 때, 밝은 목소리로 냉동실에 쑥과 봄나물을 많이 쟁여두었다며 뿌듯해하셨습니다. 이렇게 10만 원이 채 안 되는 입원비가 이분들에게는 한 달 식비를 아껴야 할 만큼 큰돈이었습니다.

작년 가을, 아동보호전문기관 선생님들의 손에 이끌려 성형외과 진료를 본 7살 어린아이는 아빠의 폭력을 엄마가 신고하면서 가족과 잠시 떨어져 지내고 있는 시설 보호 아동이었습니다. 구개열 수술이 필요했지만 가족이 해체된 상황에서 수술비를 마련할 방법이 없어 엄마는 수술을 미루고 싶어 했습니다.

이후 갑작스러운 아버지의 사망으로 아동은 엄마와 함께 외가에 잠시 몸을 의탁하게 되었으며, 한부모 가정이지만 엄마가 노동능력이 있다는 이유로 의료급여 대상자에서 탈락이 되면서 수술비가 더 많이 나올 것을 걱정한 어머니는 수술을 포기하기에 이르렀습니다. 초등학교 입학을 앞두고 있는 아동이 수술시기를 놓치게 되면 발음에 문제가 생길 수 있는 상황이었기 때문에 아이의 어머니와 긴 전화상담 끝에 설득에 이르렀으며, 올해 4월 수술을 하게 되었습니다.

작년 겨울 심장질환 때문에 119 구급차에 실려 두 번이나 중환자실로 입원을 해야 했던 60대 독거인은 주민등록번호가 말소되면서 건강보험 자격까지 정지된 무연고인이었습니다. 순환기내과 의료진의 끈질긴 노력으로 건강이 점차 회복되었으나, 2천만 원이 넘는 병원비를 감당할 수 없어 의식이 회복된 환자가 지인들에게 일일이 연락을 했지만 모두 전화를 받지 않았습니다.

병원 사진실에서 주민등록증에 넣을 수 있는 사진을 찍고 원무팀 선생님들의 도움을 받아 주민센터로 가서 주민등록증을 재발급 받고 건강보험공단을 방문하여 건강보험 자격을 다시 살렸습니다. 그리고 인근 교회의 지원으로 연체된 건강보험료를 모두 납부하고, 병원 직원 후원회에서 입원비를 후원받아 무사히 퇴원하게 되기까지. 길고 만만치 않은 여정이었지만, 모든 과정이 하루 만에 이루어졌습니다. 그러고 나서야 원무팀 선생님과 의료사회복지사는 집에 잘 도착한 환자를 확인하고 안심할 수 있었습니다.

그런데 약값을 낼 수 없어 퇴원 후 첫 외래진료 때, 의사선생님 얼굴만 보고 처방전을 받지 않은 채 난방이 전혀 안 되는 컨테이너 집으로 돌아갔다는 사실을 알게 되었습니다. 심장환자가 약을 먹지 않는다는 것은 죽음을 각오한 일입니다. 퇴원한 환자를 다시 긴 시간 전화로 설득하는 노력 끝에, 이제 그분은 국민기초생활수급 자격을 취득할 수 있게 되었습니다. 최근에 환자 본인 명의로 휴대폰을 개통하고 첫 통화를 한다며 밝은 목소리로 전화를 주셨습니다. 현재는 친구의 공장에서 일을 하기 시작했으며 정기적인 병원 외래진료도 잘 받고 있다며 걱정하지 말라는 당부까지 하셨습니다.

사연 없는 환자는 없습니다. 그러나 사연의 바닥에 깔려 있는 경제적인 문제 때문에 치료를 포기하는 환자는 없어야 합니다. 세상에 많은 병원들이 있습니다. 그 병원 직원들이 모든 환자의 사연에 귀기울일 수 없다면, 최소한 치료를 포기해야 할 만큼 어려운 환자의 사연을 귀담아들을 수 있는 직원은 꼭 있어야 합니다.

분당서울대학교병원 1동 지하 3층에 커다란 귀와 말랑말랑한 심장을 가진 준비된 그들이 있습니다. 도움을 받고 싶은 환자분들은 언제나 들어오실 수 있도록 문이 항상 열려 있습니다. 노크 없이 말씀만 해주세요.

"상담 받으러 왔어요."라고!

진단검사의학과 수석기사

유광철

환자의 시간과 일정에 맞춰
야간 채혈, 환자 사랑

환자들에게 우리 병원에서 가장 붐비는 곳을 꼽으라면 단연 채혈실일 것입니다. 이는 다른 병원들도 마찬가지라고 생각합니다. 그만큼 채혈실은 항상 많은 환자들로 인해 혼잡하고 쉴 틈 없이 바쁘게 움직이는 곳입니다.

대부분의 환자들은 이른 아침에 공복을 유지한 채로 채혈을 하고, 2시간여를 기다린 후에 검사결과가 나오면 진료를 보는 식입니다. 우리 병원은 대중교통 접근성이 타 병원에 비해 수월한 편이 아니어서 많은 환자 및 내원객들이 자가용을 이용해 병원을 방문하곤 합니다. 그로 인해 주차장은 아침부터 수많은 차량들로 진입이 쉽지 않을뿐더러, 정해진 시간에 채혈을 하지 못함은 물론 진료까지 차질을 빚는 상황에 종종 처하게 됩니다. 2015년에 야간 채혈을 처음 고민하게 된 데에는 이런 문제들이 계속 발생하면서부터입니다.

서비스 개선을 위해 시작한 야간 채혈

환자들은 하루 동안에 채혈과 진료를 보기 위해 오전 7시부터 정오까지 채혈실로 밀려듭니다. 이는 전체 채혈환자의 60퍼센트를 차지하는 실로 엄청난 비율입니다. 하지만 아침부터 채혈하느라 기다리다 지치는 환자들을 위해 이 문제를 계속 방치해둘 수는 없었습니다. 특정 시간대에 환자가 집중되는 현상을 완화하여, 좀 더 쾌적한 공간에서 채혈과 진료를 볼 수 있도록 서비스 개선을 이뤄야 할 시점이 된 것입니다.

그래서 채혈실은 경영혁신팀과 자율적 혁신활동을 진행하면서 다음과 같은 3가지 개선책을 마련했습니다.

하나, 공복이 필요치 않은 환자들은 정오 이후에 채혈실을 방문해줄 것을 안내합니다.

둘, CT와 MRI 등 영상검사 예약시간이 야간일 경우에는 채혈검사도 동일하게 연동하여 야간에 채혈할 수 있도록 시스템을 개선합니다.

셋, 단순하게 검사물만 제출하는 경우는 야간에도 가능함을 지속적으로 홍보하여 안내합니다.

이렇게 3가지 개선사항을 직원들과 공유하고, 각 진료과와 원만한 업무협의가 이뤄진 뒤에는 매번 환자들에게 적극적으로 해당 사항을 홍보해왔습니다.

그로부터 7년여가 흘렀습니다. 현재의 상황은 오전 혼잡 시간대에 내원객과 차량의 분산 등 구체적인 수치로서의 눈에 띄는 변화는 찾아보기 힘든 것이 사실입니다. 그 이유로 암센터 건립을 들 수 있는데, 병원의 규모가 커지면서 그와 비례하여 환자 수가 더 증가하여 2015년과 현재를 비교하기에는 다소 무리가 있는 까닭입니다. 허나 야간 채혈 시행으로 인한 분명한 서비스 개선 효과는 충분히 입증됐습니다.

다른 대형 종합병원에서는 시행하지 않는 야간 채혈로 인해 환자들에게 좀 더 따뜻한 감성 소통의 매개체 역할을 톡톡히 하고 있습니다. 병원의 효율과 비용 대비 효과를 따지기 전에 야간 채혈을 이용하는 환자들에게 환자의 시간을 소중히 하는 환자중심의 병원으로의 노력이 충분한 의미가 있으니까요.

평일 일과시간 중에 병원을 이용하기 힘든 직장인과 바쁜 일정 때문에 부모님을 모시고 오기 힘든 보호자, 하루의 일과를 마치고 아기의 소변검체를 받아서 저녁 9시에 제출하는 아기 엄마 등 환자의 일상에 가까이 가는 분당서울대학교병원만의 따뜻한 서비스가 바로 야간 채혈입니다. (채혈실 운영시간: 평일 07~21시)

환자 존중, 환자 사랑 그리고 환자가 주신 사랑

코로나로 인해 많은 직원들이 자택격리에 들어가면서 남은 직원들의 업무 피로도가 한층 높아졌습니다. 하지만 환자들은 여전히 이른 시간에 많이 방문하는 실정이다 보니, 업무에 지친 채혈실 직원들의 표정은 딱한 마음이 들 정도로 힘들어 보였던 게 사실입니다.

그럼에도 채혈검사를 준비하는 환자를 맞이하면서 밝은 인사와 함께 간략한 채혈 목적과 검사 양을 안내하고, 채혈을 진행하며 예정된 타과 검사와 식사 가능여부, 그리고 검사장소 안내까지 빠짐없이 안내하고 있습니다. 이러한 노력들은 특히 나이 드신 환자분들의 병원 이용을 좀 더 수월하게 도울 수 있었고, 추가안내를 듣기 위해 해당 진료과나 중앙안내데스크

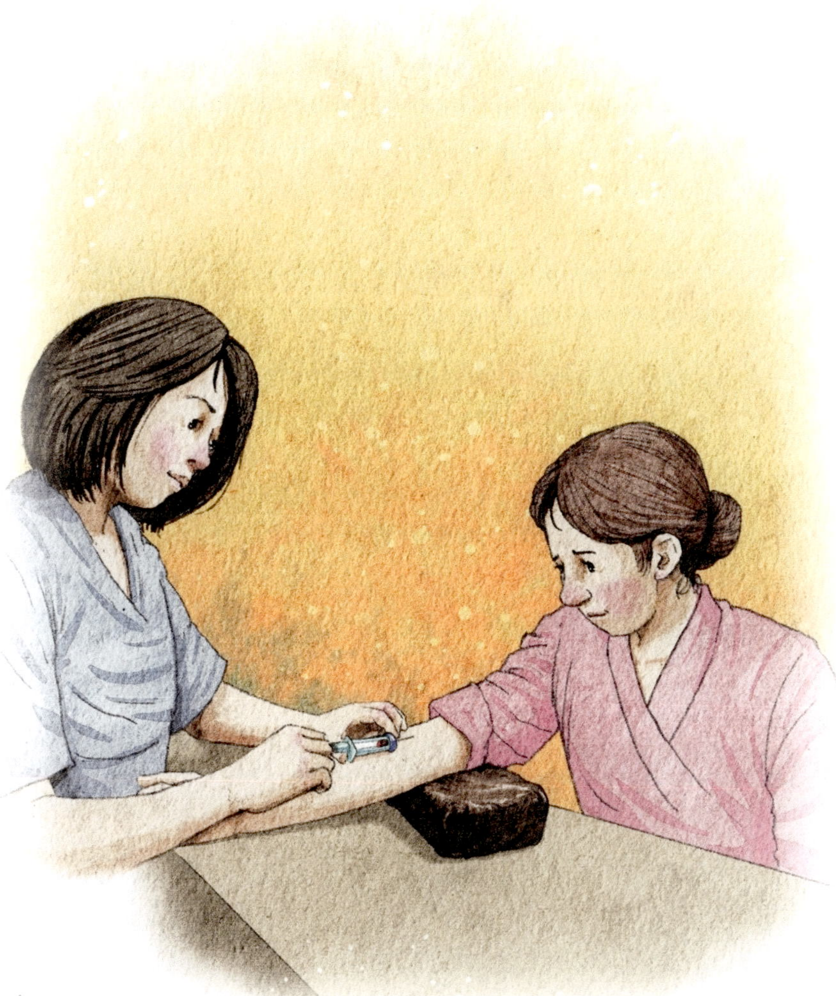

를 다시 찾아가야 하는 번거로움을 줄이게 했습니다.

매번 채혈을 하며 많은 설명을 드리는 게 쉽지만은 않습니다. 그러나 다른 병원에서는 경험해보지 못한 우리 분당서울대학교병원만의 환자 존중, 환자 사랑을 전할 수 있는 서비스라는 자부심으로 오늘도 열심히 환자를 만나고 있습니다.

그러던 어느 날 연일 격무에 시달리는 직원들이 안 돼 보였던지, 50대 남자 보호자분께서 전 직원들에게 힘내라고 격려하시며, 손수 사오신 커피를 하나씩 나눠주셨습니다. 많이 힘들 때 받은 그분의 '격려' 덕분에 그날 하루는 고된지도 모르고 일할 수 있었습니다. 채혈실 직원들은 그분의 따뜻한 마음을 가장 기억에 남는 일로 손꼽고 있습니다.

환자의 건강을 위한 검사의 시작, 채혈실의 환자맞이가 분당서울대학교병원 환자 한 분 한 분의 따뜻한 경험의 시작이 되고 있다는 반증이라 믿습니다.

팍팍한 세상에 힘들 때 따듯한 마음을 베풀어주셨던 선생님께 뒤늦게나마 감사의 말씀드립니다.

SNUH
분당서울대학교병원

chapter 5

기억을 추억하며

병원에 입원하거나 진료를 보거나 검사를 받거나 그 외
여러 다른 의료서비스를 경험한 후 '칭찬카드'를 써보신 적이 있나요?
아니면 병원이 아닌 다른 곳에서 여러 가지 서비스를 이용한 후
마음에서 우러난 칭찬카드를 손수 글로 적어 전달했던 기억은요?
특히 병원에서 칭찬카드를 전한다는 것은
정말 그 마음을 전하고 싶은 간절한 바람이 틀림없습니다.
분당서울대학교병원에는 그렇게 받기 힘들다는 칭찬카드가
매월 800여 건이나 쏟아져 들어오고 있습니다.
그동안 받은 소중한 칭찬카드 중에서
9개의 감동적인 사연을 소개해드리려고 합니다.
환자가 느낀 감사와 감동이 읽는 내내 고스란히 전해지기를 바랍니다.

칭찬카드에 담긴
감동적인 사연을 소개합니다

2021. 6. 칭찬카드

총무팀 미화반 황규성

제가 찾아봐드릴게요

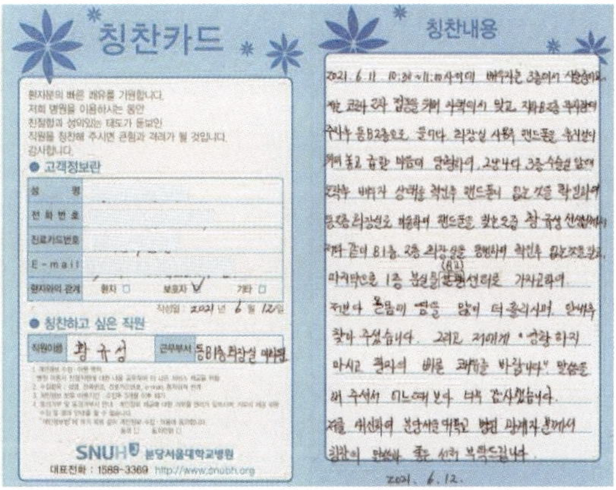

오늘 분당서울대학교병원에 갔다가 정말 흐뭇한 경험을 했습니다. 아내는 3층에서 심전도검사를 끝내고 저를 기다리고 있었고, 저는 코로나 2차 접종을 받고 가느라 병원에 조금 늦게 도착했습니다. 속이 좋지 않아 부랴부랴 화장실에 들렀다가 아내가 있는 곳으로 갔습니다. 그리고 아내를 데리고 지하주차장에 있는 차에 올라 막 시동을 켜는데, 갑자기 화장실 휴지걸이 위에 올려놨던 휴대폰이 떠올랐습니다.

아내에게 기다리라 하고는 부리나케 다시 3층으로 뛰어 올라갔습니다. 그리고 제가 있었던 화장실부터 세면대까지 모조리 찾아보았지만 휴대폰은 보이지 않았습니다. 당장 연락해야 할 거래처와 각종 업무를 보려면 휴대폰이 꼭 필요했던 터라 등에서 식은땀까지 나더군요. 너무도 난감해서 어찌할 줄 몰라 하는데 미화반에 근무하시는 황규성 선생님께서 들어오셨습니다.

지푸라기라도 잡고 싶은 심정으로 그분을 붙들고 상황을 말씀드렸어요. 그랬더니 황 선생님께서 이곳저곳 샅샅이 살펴봐주셨습니다. 그래도 찾지 못해 제가 한숨만 푹푹 내쉬었더니, 선생님은 너무 당황하지 말라며 저를 안심시켜주셨습니다. 그리고는 혹시 모르니까 1, 2층 화장실까지 찾아보자며 저와 함께 각 층별로 다 찾아봐주셨습니다.

제 휴대폰을 찾기 위해 온몸에 땀을 흘리며 동분서주하는 모습을 보니 너무 죄송한 마음과 감사의 마음이 동시에 들었습니다. 하지만 그런 노력에도 불구하고 휴대폰을 찾지 못하자 이번엔 분실물센터로 안내해주셨고, 정말 다행히도 거기서 제 잃어버린 휴대폰을 찾을 수 있었습니다.

너무도 감사해서 음료수라도 대접해드리고자 했으나 선생님은 한사코 사양하면서 "환자의 빠른 쾌유를 바랍니다."라는 말을 남기고 급히 일하러 가셨습니다.

바쁜 와중에도 저에게 베풀어주신 그분의 선행으로 분당서울대학교병원에 대한 이미지가 한층 더 좋아졌습니다. 정말 저를 대신해서 병원 관계자분들께서 칭찬과 감사의 말씀을 전해주시길 부탁드립니다.

2022. 2. 칭찬카드

41병동 김가람

생명을 구한 의인

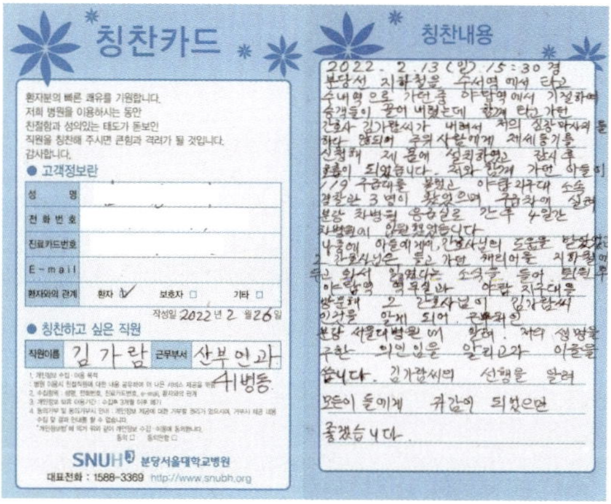
칭찬카드

환자분의 빠른 쾌유를 기원합니다.
저희 병원을 이용하시는 동안
친절함과 성의있는 태도가 돋보인
직원을 칭찬해 주시면 큰힘과 격려가 될 것입니다.
감사합니다.

● 고객정보란

성 명	
전 화 번 호	
진료카드번호	
E-mail	
환자와의 관계	환자 ☑ 보호자 ☐ 기타 ☐

작성일 2022년 2 월26일

● 칭찬하고 싶은 직원

직원이름	김가람	근무부서	산부인과 41병동

SNUH 분당서울대학교병원
대표전화 : 1588-3369 http://www.snubh.org

칭찬내용

2022. 2. 13(일) 15:30경
분당선 지하철을 수서역에서 타고
수내역으로 가던 중 야탑역에서 기절하여
승객들이 끌어 내렸는데 함께 타고 가던
간호사 김가람씨가 내려서 저의 심장마사지를
하다 안되어 주위 사람에게 제세동기를
신청해 제 몸에 설치하였고 잠시 후
호흡이 되었습니다. 저와 함께 가던 아들이
119 구급대를 불렀고 야탑지구대 소속
경찰관 3명이 왔었으며 구급차에 실려
분당 차병원 응급실로 간 후 4일간
차병원에 입원했었습니다
나중에 아들에게서, 간호사님의 도움을 받았었다
그 간호사님은 들고 가던 캐리어를 지하철에
두고 왔다 잃었다는 소식을 들어 퇴원 후
야탑역 역무실과 야탑 지구대를
방문해 그 간호사님이 김가람씨
인 것을 알게 되어, 근무처인
분당서울대병원에 알려, 저의 생명을
구한 의인임을 알리고자 이글을
씁니다. 김가람씨의 선행을 알려
모든이 들에게 귀감이 되었으면
좋겠습니다.

올해 2월 13일 일요일 오후 3시 반경, 저는 아들과 함께 분당선 지하철을 타고 수서역에서 수내역으로 가던 중 야탑역에서 갑자기 기절해버렸습니다. 그 뒤로 어떤 일이 발생했는지 전혀 기억이 없었습니다. 깨어난 뒤 '아, 내가 살았구나'라는 생각과 함께 어떻게 된 일인지 아들에게 묻고 나서야 기절한 뒤 일들을 알 수 있게 되었습니다.

제가 기절한 것을 보고 놀란 승객들이 저를 열차 밖으로 끌어내렸고, 이때 분당서울대학교병원 간호사 김가람 씨도 함께 내려서 저의 심장을 열심히 마사지해주었다는 것입니다. 하지만 그래도 심장이 반응을 하지 않자 이번에는 심장제세동기를 이용해 응급처치를 했으며, 곧 호흡이 정상으로 돌아오게 되었답니다. 잠시 후 아들이 부른 119구급차가 도착하여 인근 응급실로 실려가 4일간 치료 후 무사히 퇴원하였습니다.

아들은 '김가람 간호사님'의 도움이 없었다면 정말 큰일 날 뻔했다며 간호사님 덕에 아주 위급한 상황을 넘길 수 있었다고 하면서 '아버지의 생명의 은인'이라며 재차 강조했습니다. 그리고 간호사님이 저를 도와주기 위해 급히 내리느라 들고 가던 본인의 캐리어를 지하철 안에 놓고 내렸다는 말도 들었습니다. 아마도 무의식적으로 나 개인의 이익보다는 사람의 생명이 최우선이라는 평소 가지고 있는 생각이 발현된 것이라 생각합니다.

저는 올 초부터 김가람 간호사님의 선행으로 정말 대단한 선물을 받았습니다. 김가람 간호사님 같은 분이 계셨기에 저는 평소처럼 가족들과 행복한 시간들을 보낼 수 있게 되었고, 아름다운 풍경을 바라보고 즐길 수 있는 시간을 가질 수 있게 되었습니다. 만일 그 당시 간호사님이 안 계셨다면 저는 어떻게 되었을까요? 생각만 해도 등골이 오싹합니다.

생명을 구한 의인이시기에 근무처인 분당서울대학교병원에 이를 알리고자 이 글을 씁니다. 더불어 김가람 간호사님의 선행이 모든 이들에게 귀감이 되고, 선한 영향력이 널리 전파되기를 희망합니다.

2022. 1. 칭찬카드

신생아중환자실2간호파트

작은 생명을 다루는 의료진 여러분께

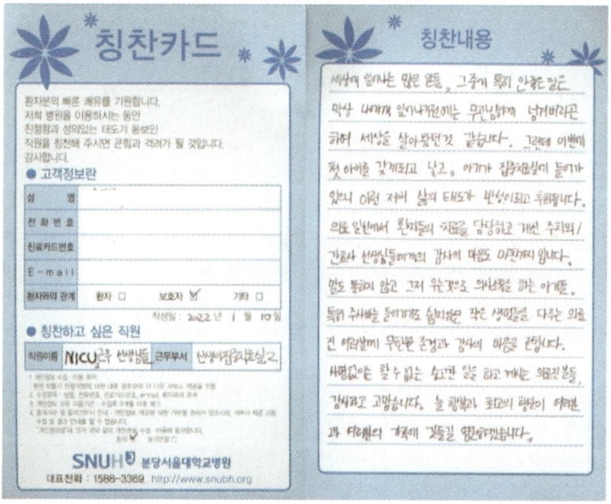

칭찬카드

환자분의 빠른 쾌유를 기원합니다.
저희 병원을 이용하시는 동안
친절함과 성의있는 태도가 돋보인
직원을 칭찬해 주시면 큰힘과 격려가 될 것입니다.
감사합니다.

● 고객정보란

성 명	
전 화 번 호	
진료카드번호	
E-mail	
환자와의 관계	환자 □ 보호자 ☑ 기타 □

작성일 : 2022 년 1 월 10 일

● 칭찬하고 싶은 직원

직원이름	NICU근무 선생님들	근무부서	신생아집중치료실2

SNUH 분당서울대학교병원
대표전화 : 1588-3369 http://www.snubh.org

칭찬내용

세상에 일어나는 많은 일들, 그중에 특히 안 좋은 일은
막상 나에게 일어나기 전에는 무관심하게 넘겨버리곤
하며 세상을 살아왔던 것 같습니다. 그런데 이번에
첫 아이를 갖게되고 낳고, 아기가 집중치료실에 들어가
있으니 이런 저의 삶의 태도가 반성이되고 후회됩니다.
의료 일선에서 환자들의 치료를 담당하고 계신 주치의/
간호사 선생님들에게의 감사의 마음도 마찬가지 입니다.
말도 통하지 않고 그저 우는 것으로 의사소통을 하는 아기들,
특히 주사바늘 들어가기도 쉽지 않은 작은 생명들을 다루는 의료
진 여러분께 무한한 존경과 감사의 마음을 전합니다.
사명감 없이는 할 수 없는 숭고한 일을 하고 계시는 의료진 분들,
감사하고 고맙습니다. 늘 행복과 최고의 행운이 여러분
과 여러분의 가족에 깃들길 염원하겠습니다.

세상에 일어나는 많은 일들, 그중에서 특히 안 좋은 일은 막상 나에게 일어나기 전에는 무관심하게 넘겨버리곤 하며 세상을 살아왔던 것 같습니다. 평상시 매스컴에서 남의 일을 내 일처럼 나서서 도와주고 심지어는 남을 위해 자신을 희생하는 사람들을 보면 울컥하고 감동을 받아 나도 남을 위해 조그만 일이라도 하자라는 생각을 해보지만 그것도 잠시뿐, 바쁜 일상 속에 이런 생각은 제 머리 뒤편으로 날아가버려 찾을 수조차 없었습니다.

그런데 이번에 첫 아이를 갖게 되고, 낳고, 아기가 집중치료실에 들어가 있으니 그동안 다른 사람들의 일에 크게 관심을 두지 않고 살아왔던 저의

삶의 태도가 반성되고 후회됩니다. 아이가 집중치료실에 들어가 있는 동안 육체적인 것은 둘째 치고 정신적으로 참 많이 힘들었습니다.

소중한 내 아이의 얼굴을 바라보며 매 순간 얼른 건강해져 저곳에서 나올 수 있기를 간절히 기도했습니다. 이때 누군가 저에게 건네는 따뜻한 눈빛의 인사, 고생한다는 위로의 말 한마디, 아이가 금방 건강해질 것 같다는 희망의 말 한마디 등이 저에게 큰 위로와 함께 무한한 긍정적인 힘을 주었습니다.

제가 주위 사람들의 따뜻함으로 힘든 시간을 견뎌내보니 힘든 사람들에게는 아주 작은 따뜻한 말 한마디가 얼마나 소중한 것인지를 깨달을 수 있었습니다. 그리고 의료 일선에서 환자들의 치료를 담당하고 계신 주치의, 간호사 선생님들에게 감사의 마음을 전합니다. 말도 통하지 않고 그저 우는 것으로 의사소통하는 아기들, 특히 주사바늘이 들어가기도 쉽지 않은 작은 생명들을 다루는 의료진 여러분께 무한한 존경을 표합니다.

사명 없이는 할 수 없는 숭고한 일을 하고 계시는 의료진분들, 감사하고 또 고맙습니다.

2021. 6. 칭찬카드

총무팀 주차반 지혜미

따뜻한 응대, 잊지 않을게요

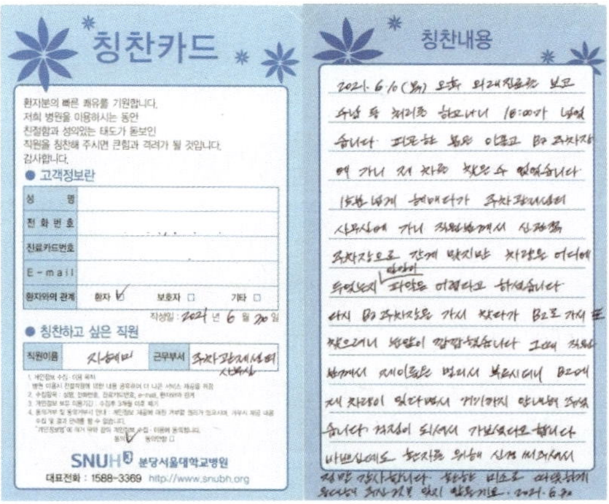

다른 장소에 비해 병원이라는 곳은 유독 긴장감과 피로감을 주는 곳인 것 같습니다. 이곳에 왔다는 것은 내 몸 어딘가에 문제가 생겼고 의사 선생님의 말 한마디에 따라 천당과 지옥을 오가는 곳이기 때문에 더 그런 것 같다는 생각이 듭니다. 이날은 오후 외래진료를 보고 수납 등 처리를 하고 나니 오후 6시가 넘었습니다.

피곤한 몸을 이끌고 지하 3층 주차장에 가니 제 차를 찾을 수 없었습니다. 15분 넘게 헤매다가 주차관제센터 사무실에 가니 직원분께서 신관 쪽 주차장으로 간 게 맞지만 차량을 어디에 두었는지 일일이 파악은 어렵다고 하셨습니다.

쇼핑센터처럼 주차 위치를 확인할 수 있는 시스템이 갖춰져 있으면 이런 고생을 안 해도 될 텐데 하는 불평을 하며 다시 지하 3층 주차장을 가서 찾다가 지하 2층도 가서 또 찾으려고 하니 눈앞이 깜깜했습니다. 가뜩이나 피곤한데 차를 찾아 이곳저곳을 두리번거리고 걷다 보니 주차 위치를 기억하지 못한 내 자신에게, 또 주차 위치 확인 시스템이 갖춰져 있지 않은 병원에게도 짜증이 나기 시작했습니다.

그때 멀리서 누군가 제 이름을 부르는 소리가 들렸습니다. 돌아보니 직원분께서 제 차량을 찾았다며 안내해주시겠다고 하셨습니다. 혹시 차를 찾지 못하고 계속 헤매고 있을까 봐 걱정이 되셔서 직접 찾아보셨다고 합니다.

안내해준 것만으로 본인의 일이 다 끝났다고 생각할 수도 있을 텐데도 환자를 위해 끝까지 신경 써주셔서 정말 감사합니다. 환한 미소로 따뜻하게 응대해주신 것 잊지 않겠습니다!

2021. 4. 칭찬카드

특수검사부 박지숙

늘 친절하게 대해주셔서 너무나 감사해요

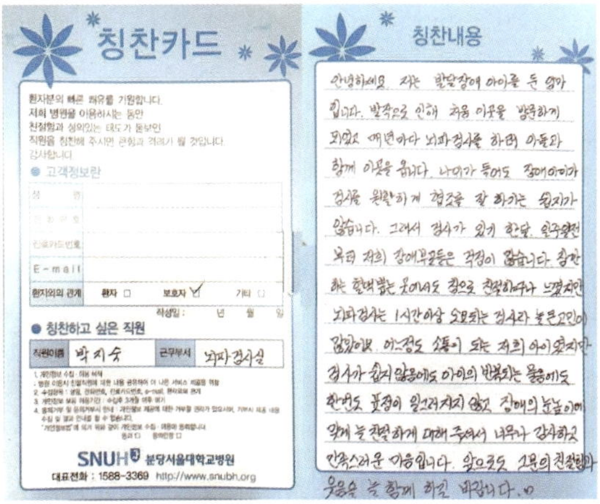
칭찬카드

환자분의 빠른 쾌유를 기원합니다.
저희 병원을 이용하시는 동안
친절함과 성의있는 태도가 돋보인
직원을 칭찬해 주시면 큰 힘과 격려가 될 것입니다.
감사합니다.

● 고객정보란

성명	
전화번호	
진료카드번호	
E-mail	
환자와의 관계	환자 □ 보호자 ☑ 기타 □

작성일 : 년 월 일

● 칭찬하고 싶은 직원

직원이름	박지숙	근무부서	뇌파검사실

SNUH 분당서울대학교병원
대표전화 : 1588-3369 http://www.snubh.org

칭찬내용

안녕하세요. 저는 발달장애 아이를 둔 엄마
입니다. 발작으로 인해 처음 이곳을 방문하게
되었고 매년마다 뇌파검사를 하러 아들과
함께 이곳을 옵니다. 나이가 들어도 장애아이가
검사를 원활하게 협조를 잘 하기는 쉽지가
않습니다. 그래서 검사가 있기 한달, 일주일전
부터 저희 장애부모들은 걱정이 많습니다. 잠깐
하는 혈액뽑는 곳에서도 참으로 친절하구나 느껴지며
뇌파검사는 1시간이상 소모되는 검사라 늘 큰 고민이
였었어요. 어느정도 소통이 되는 저희 아이였지만
검사가 쉽지 않음에도 아이의 반복되는 물음에도
한번도 표정이 일그러지지 않고 장애의 눈높이에
맞게 늘 친절하게 대해 주셔서 너무나 감사하고
만족스러운 마음입니다. 앞으로도 그 맘의 친절함과
웃음을 늘 함께 하길 바랍니다.♡

안녕하세요. 저는 발달장애 아이를 둔 엄마입니다. 발작으로 인해 처음 이곳을 방문하게 되었고 매년마다 뇌파검사를 하러 아들과 함께 이곳을 옵니다. 나이가 들어도 장애를 가진 아이가 검사에 원활하게 협조를 잘하기는 쉽지 않습니다. 그래서 검사가 있기 한 달, 일주일 전부터 저희 장애아 부모들은 걱정이 많습니다.

혈액을 뽑는 잠깐 동안에도 아이가 협조가 잘 안 하기에 걱정스러웠지만 혈액 뽑는 곳에서도 참으로 친절하구나 느껴질 정도로 아이를 잘 달래가며 진행해주셨습니다. 하지만 1시간이나 걸리는 뇌파검사는 늘 고민거리였습니다.

대부분 성인들도 1시간 이상 검사를 하게 되면 힘이 드는데 아이들은 말할 것도 없겠죠. 아이들이 검사를 받을 때는 많은 인내심과 친절함 그리고 아이가 그 시간 동안 참고 검사를 성공적으로 끝낼 수 있도록 도와줄 수 있는 보조적인 것들 또한 필요합니다. 그리고 아이들의 눈높이에서 이야기를 나누고 만일 아이가 검사를 왜 하는지 이해할 수 있다면 더 순조롭겠죠.

저희 아이는 발달장애가 있기는 하지만 어느 정도 소통이 가능한 아이입니다. 그럼에도 뇌파검사 진행은 쉽지가 않았고 아이는 선생님께 계속 반복되는 질문을 했습니다. 계속되는 똑같은 질문에 조바심이 들기도 하고 선생님께서도 조금은 짜증이 나지 않을까 생각하기도 했어요.

그런데 선생님께서는 우리 아이에게 표정 하나 일그러트리지 않으셨어요. 오히려 검사 내내 아이의 눈높이에 맞게 친절하게 답해주시고 따뜻하게 대해주셨지요. 그날 선생님의 따뜻함에 너무 감사하고 만족스러운 마음이었습니다.

앞으로도 친절함과 환한 웃음이 늘 박지숙 선생님과 함께하길 바랍니다.

2021. 7. 칭찬카드

원무팀 안길현

진심을 다해 응대해주셔서 감사합니다

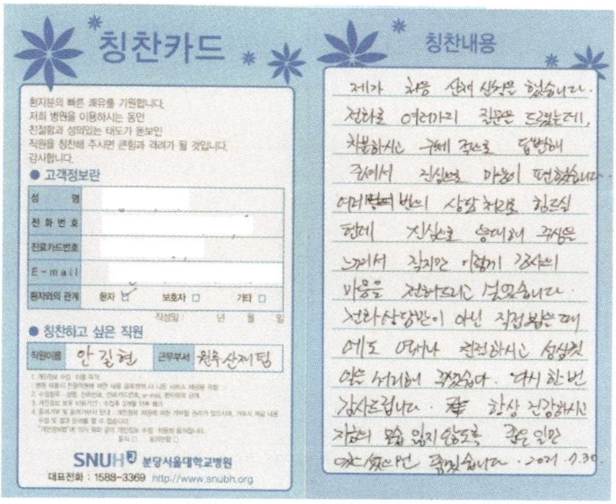

처음 산재 신청을 했어요. 주위에 산재 신청에 대해 아는 사람이 없어서 어떡할지 막막하더라고요. 그러다 원무팀에 문의하면 된다는 것을 알게 되어 안도의 한숨을 내쉬었어요. 본격적으로 산재 신청을 하기 위해 원무팀 산재보험 담당자 안길현 선생님께 연락을 했어요. 전화로 여러 가지 질문을 드렸더니, 차분하고 구체적으로 답변해주셔서 진심으로 마음이 편했어요.

보통 많은 대상자를 상대로 업무를 처리하는 분들은 한 사람 한 사람에게 공감하고 진심을 담아 상담해준다는 것이 무척 어려운 일이잖아요. 문의를 하는 사람의 입장에서는 매우 중요하고 처음 접하는 경우이지만, 상담해주는 입장에서는 수백 번 수천 번 반복되는 문의이기 때문에 문의하는 사람이 이해하지 못하고 질문을 반복하게 되면 짜증나기가 쉽거든요.

그러나 저의 계속되는 질문에도 끝까지 친절하게 답변해주신 안길현 선생님께 더욱더 고마움이 느껴졌어요. 여러 번의 상담으로 힘드실 텐데 진심으로 응대해주심을 느껴서 작지만 이렇게 감사의 마음을 전해드리고 싶었습니다. 또한 전화상담만이 아닌 직접 뵈었을 때에도 역시나 친절하시고 성심껏 일을 처리해주셨어요.

다시 한 번 감사드립니다. 항상 건강하시고 지금의 모습 잃지 않도록 좋은 일만 있으면 좋겠습니다.

2021. 1. 칭찬카드

혈액종양내과 김유정

마음까지 치료해주시는 교수님

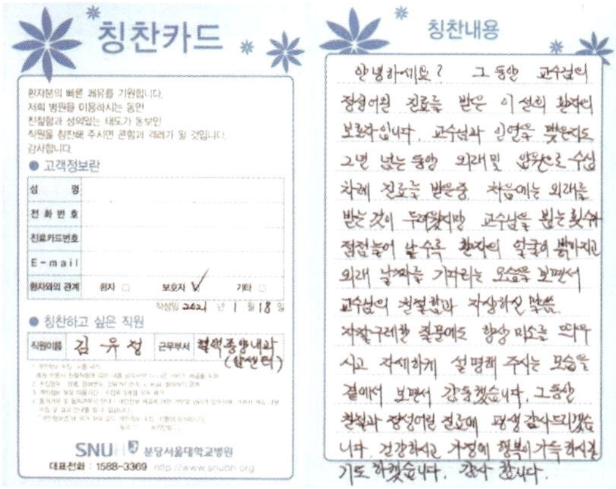

칭찬카드

환자분의 빠른 쾌유를 기원합니다.
저희 병원을 이용하시는 동안
친절함과 성의있는 태도가 돋보인
직원을 칭찬해 주시면 큰 힘과 격려가 될 것입니다.
감사합니다.

● 고객정보란

성명			
전화번호			
진료카드번호			
E-mail			
환자와의 관계	환자 ☐	보호자 ✓	기타 ☐

작성일 2021 년 1 월 18 일

● 칭찬하고 싶은 직원

직원이름	김 유 정	근무부서	혈액종양내과 (암센터)

SNUH 분당서울대학교병원
대표전화 : 1588-3369 http://www.snubh.org

칭찬내용

안녕하세요? 그 동안 교수님의 정성어린 진료를 받은 이 선희 환자의 보호자입니다. 교수님과 인연을 맺은지도 2년 넘는 동안 외래 및 입원으로 수십 차례 진료를 받은중. 처음에는 외래를 받는 것이 두려웠지만 교수님을 뵙는 횟수가 점점 늘어 날수록 환자의 얼굴이 밝아지고 외래 날짜를 기다리는 모습을 보면서 교수님의 친절함과 자상하신 말씀. 자질구레한 질문에도 항상 미소를 띄우시고 자세하게 설명해 주시는 모습을 곁에서 보면서 감동했습니다. 그동안 친절과 정성어린 진료에 평생 감사드리겠습니다. 건강하시고 가정에 행복이 가득하시길 기도 하겠습니다. 감사 합니다.

안녕하세요? 그동안 교수님의 정성 어린 진료를 받은 환자의 보호자입니다. 교수님과 인연을 맺고 2년이 넘는 시간 동안 외래 및 입원으로 수십 차례 교수님의 진료를 받았습니다. 처음 건강검진 결과를 듣고 몸에 이상이 있다는 것을 알게 되었을 때는 눈앞이 캄캄했습니다. 차라리 팔다리가 아프거나 착한 암이라 알려진 갑상선 암이었다면 하는 생각까지 하면서 말이죠. 하지만 이런 부정적인 생각을 이내 떨쳐버리고 적극적인 자세로 치료하면 완치될 수 있다는 긍정적인 생각을 하려고 노력했습니다.

처음 교수님 진료실에 들어섰을 때 그때 그 불안감을 지금도 잊을 수가 없습니다. 환자와 그 가족 입장에서는 감정이 느껴지지 않는 작은 말투 하나에도 크게 상처를 받기 마련입니다. 하루에도 수많은 환자들을 진료하시느라 힘드실 텐데, 자질구레한 질문에도 항상 미소를 띠며 자세하게 설명해주시는 모습을 곁에서 보면서 감동했습니다.

교수님은 항상 친절하고 자상하게 설명해주셨습니다. 이런 따뜻함에 처음에는 외래진료 보는 것을 두려워했던 환자가 교수님을 뵙는 횟수가 늘어날수록 얼굴이 밝아지고 외래 날짜를 기다리게 되었습니다. 교수님의 부드러운 미소와 따뜻함이 힘든 치료과정 속에서 지쳐가는 몸과 마음을 치유하는 데 크나큰 힘이 되었다고 생각합니다.

환자와 그 가족들은 환자의 건강 상태에 따라 일희일비합니다. 건강이 조금 좋아지는 것 같으면 너무 기뻐서 하루 종일 콧노래가 나오고 집안 분위기도 한층 밝아집니다. 그러다가 상태가 조금 안 좋은 것 같으면 바로 낙담하고 집안 분위기도 어두워지고요. 이성적으로는 항상 긍정적인 생각을 가지고 임해야 환자 또한 힘을 얻어 치료에 전념할 수 있다는 것을 잘 알면서도 불현듯 몰려오는 불안감은 어쩔 수가 없었습니다.

그럴 때마다 긍정적인 생각이 완치라는 기적을 이룰 수 있다고 끊임없이 되새기면서 완치라는 결승점을 향해 달려왔습니다. 결승점이 너무 멀게 느껴져 좌절하고 때론 넘어져 울기도 했지만 많은 것을 배우고 감사함을 느낄 수 있는 시간이었습니다. 비록 많은 시간과 갖은 노력에도 좋은 결과를 얻지는 못했지만, 아직은 하루하루 일상을 함께할 수 있다는 것에 감사드리며 남은 시간을 소중히 보내겠습니다.

그동안 교수님의 친절과 정성 어린 진료에 평생 감사드리겠습니다. 가정에 행복이 가득하길 기도하겠습니다. 감사합니다.

2021. 5. 칭찬카드

정형외과 장종범

세심한 진료에 감동 받았습니다

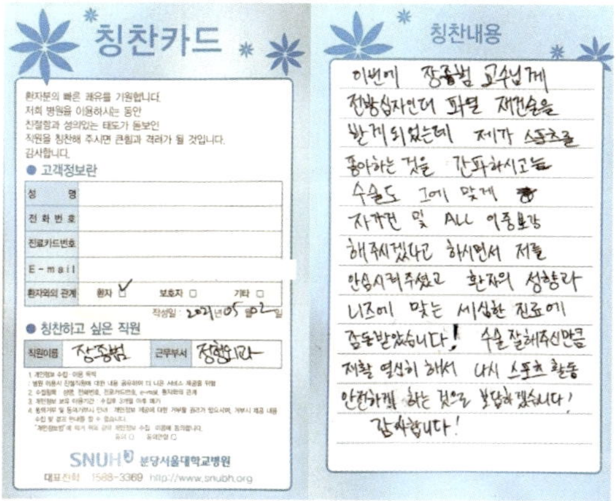

칭찬카드

환자분의 빠른 쾌유를 기원합니다.
저희 병원을 이용하시는 동안
친절함과 성의있는 태도가 돋보인
직원을 칭찬해 주시면 큰힘과 격려가 될 것입니다.
감사합니다.

● 고객정보란

성명	
전화번호	
진료카드번호	
E-mail	
환자와의 관계	환자 ☑ 보호자 □ 기타 □

작성일 : 2021년 05 월 02 일

● 칭찬하고 싶은 직원

직원이름	장종범	근무부서	정형외과

SNUH 분당서울대학교병원
대표전화 1588-3369 http://www.snubh.org

칭찬내용

이번에 장종범 교수님께 전방십자인대 파열 재건술을 받게 되었는데 제가 스포츠를 좋아하는 것을 간파하시고는 수술도 그에 맞게 자가건 및 ALL 이중보강 해주시겠다고 하시면서 저를 안심시켜주셨고 환자의 성향과 니즈에 맞는 세심한 진료에 감동받았습니다! 수술 잘해주신만큼 재활 열심히 해서 다시 스포츠 활동 안전하게 하는 것으로 보답하겠습니다! 감사합니다!

평소 스포츠를 좋아하는 저는 다반사로 여기저기 조금씩 다치기 일쑤입니다. 그동안은 집에서 반창고나 소독만 할 정도의 작은 상처였는데 이번에는 수술할 정도로 크게 다치게 되었습니다. 어디서 수술을 받아야 수술 후유증도 없고 다치기 전처럼 스포츠를 즐길 수 있을지 고민을 많이 하고 여러 병원을 알아보았습니다. 그런 고민 끝에 분당서울대학교병원에서 수술을 받기로 결심하고 장종범 교수님께 전방십자인대파열 재건수술을 받게 되었습니다.

교수님은 제가 스포츠를 좋아하는 것을 간파하시고 수술도 그에 맞게 이중 보강해주시겠다고 하시면서 저를 안심시켜주셨습니다. 또 환자의 성향과 니즈에 맞는 세심한 진료에 감동 받았습니다! 동네병원의 경우 정해진 구역에서 여러 병원이 경쟁하다 보니 환자에게 친절하게 설명해주고 응대해줘야 하는 것이 당연하게 여겨졌고, 대학병원의 경우는 딱딱하고 최소한의 설명만 해줄 것이라는 고정관념을 가지고 있었습니다.

그런데 장종범 교수님을 만나면서 대학병원이 내가 생각한 것처럼 경직된 곳이 아니라는 것을 알게 되었습니다. 단순하게 수술에 대한 친절한 설명만 해주시는 것이 아니라 환자가 무엇을 제일 필요로 하고 현재 불안해하는 것이 무엇인지를 파악하시고, 이에 대해 적절하게 대처해주셔서 환자들이 불안감 없이 수술을 받을 수 있게 해주셨습니다.

이런 멋진 장종범 교수님께 감사의 마음을 이 칭찬카드에 담아 전해드리고, 수술 잘해주신 만큼 재활을 열심히 해서 다시 스포츠 활동 안전하게 하는 것으로 보답하겠습니다.

감사합니다, 교수님!

신명진 / 분당서울대학교병원 감염관리팀장

병원에서 함께 일하는 동료라는 게 자랑스럽습니다

오른쪽 견갑골 쪽에서 시작된 통증이 오른쪽 팔로 방사되는 양상으로 바뀌어 더 이상 참기 어려운 상황에서 척추센터 최은주 교수님 외래를 보게 되었습니다. 누구나 많이 겪고 있는 흔한 질병인 줄 알았던 목디스크……. 코로나로 어지러운 시국에 감염관리팀장으로서 맘 편히 쉴 수 없는 상황이었지만 생각보다 통증이 심해서 버티기 힘든 상황이었습니다.

다행히 교수님께서 제 상황을 충분히 이해하고 배려하셔서 진통제 처방과 함께 신속하게 시술척수강 내 주사 투약을 하게 되었습니다.

첫 시간의 시술인지라 아침 일찍 통증시술센터를 방문하였습니다. 감염관리 업무를 하면서 종종 방문한 적이 있었지만, 환자로서 방문하는 건 완전히 다른 느낌이었습니다. 입원이나 치료 등에 경험이 없어 분명 간단한 시술이라고 설명을 들었는데도 불안하고, 긴장이 되면서 왠지 우울한 마음으로 입구에 들어섰는데 간호사님께서 먼저 인사하시면서 따뜻하게 맞아주셨습니다. 그러고는 저를 탈의실로 안내해주시면서 시술 특성에 따라 뒤

집어서 가운 입는 특별한 방법 등을 상세히 설명해주셨고 도와주셨습니다. 안심이 되면서도 한편으론 직원이라서 조금 더 신경 써주는 걸까 생각했습니다.

준비 후 시술장 안으로 들어가는데, 그 과정이 굉장히 짧은 순간인데도 생각보다 너무 어색했습니다. 시술도 짧고 생각보다 아프지 않았지만 긴장을 많이 해서인지 약간의 오한이 들기도 했거든요. 밖으로 나오니 이불을 온장고에 있는 따뜻한 걸로 교체해주시면서 제 발이 이불 밖으로 나오지 않는지도 살피며 꼼꼼히 덮어주셨어요.

그리고 집으로 가는지 아니면 다시 출근하는지 물으시면서 잠깐 누워서 관찰 겸 쉬고 가라고 하시며 커튼을 쳐주셨습니다. 어찌나 그 이불이 따뜻하고 그 순간 긴장이 풀리던지……. 저도 모르게 잠이 푹 들었던 것 같습니다.

감염관리 차원에서 업무로 방문했을 때는 환자에게 사용하기 전 린넨이불을 온장고에 넣어놓는 것이 원칙에 맞지 않는 것 같아서 안 그랬으면 좋겠다고 늘 생각했었는데, 막상 그 이불을 덮어보니 통증센터 선생님들의 환자를 향한 마음씀씀이가 느껴져서 고마움, 미안함 등 복잡한 마음이 들었습니다.

그렇게 3번의 시술을 통증시술센터에서 받았습니다. 받는 동안 담당하는 간호사님과 시술실 내에 있는 마취통증의학과 교수님, 영상의학과 선생님 모두 친절하시긴 한데, 한편으론 여전히 내가 직원이라서 그런 건가 생각을 가지고 있었습니다.

그러다가 최근에 방문해서 그렇지 않다는 걸 확실히 알게 되었습니다. 시술 후 여느 때와 마찬가지로 커튼을 치고 휴식하고 있는데, 다소 웅성거리는 소리가 들리더니 의료진들이 급하게 제 옆자리로 환자 한 명을 데려왔습니다. 모니터를 켜고 산소를 주고……. 보이진 않지만, 소리만 듣고도 큰

일 났구나 싶어 나도 모르게 귀를 기울이고 있었는데 젊은 여성 환자분의 울음 섞인 목소리가 들렸습니다.

"토할 것 같은데 어떡해요!"

"다 준비되어 있으니 걱정하지 마세요. 저희가 도와드릴 거니까 편하게 심호흡하세요."

다급한 환자의 목소리에 간호사님과 수간호사님이 다 준비되어 있으니 걱정하지 말라고, 다 봐줄 거니까 편하게 하시라며, 심호흡을 도우시며 시종일관 환자 옆에서 차분하게 격려를 이어가셨습니다. 잠시 후 그 환자분의 의식이 돌아왔고 본인이 괜찮은 건지 물으니, 그에 대해서도 조금 전과 동일하게 설명해주셨어요. 최은주 마취통증의학과 교수님도 따로 찾아오셔서 벌어진 상황과 이후의 치료에 대해서 상세하게 답변해주셨습니다.

옆에서 오가는 소리를 통해 받은 느낌은 제가 저 환자였다면 담당 의료진들에게 큰 신뢰와 믿음이 가고 많이 고마웠을 것 같았습니다. 그리고 내가 저분들과 분당서울대학교병원에서 함께 일하는 동료라는 게 자랑스럽다는 생각이 들었습니다.

쉴 틈 없이 바쁜 상황 속에서도 이번 경험을 하면서 든 가장 큰 생각은 통증시술센터 담당 간호사님과 의료진분들의 좋은 모습을 어떻게든 긍정적으로 피드백해드리고 싶다는 마음이었습니다. 다른 환자분들도 마찬가지겠죠?

또한, 제가 환자로 경험해보니 감염관리라는 업무를 하는 데 있어서도 이번의 따뜻한 경험이 현장의 상황을 더 잘 이해할 수 있는 기회가 될 거라고 믿습니다.

chapter 6

오래도록 같이 걷고 싶습니다

병원 곳곳의 따뜻한 숨결을 느껴보신 적 있으신가요?
미처 다 들여다보지 못한 수많은 이야기들.
환자밖에 모르는 '환자바라기'
'마음을 읽는 병원, 분당서울대학교병원'의 마지막 이야기는
오래도록 동행하고픈 환자와의 희망 섞인 바람을 담았습니다.
암환우들과 오래도록 함께하고픈 암정보교육센터와
신생아들의 엄마로 불리는 간호사엄마 이야기 두 편입니다.
내 아이처럼, 내 부모처럼, 때로는 내가 환자인 듯
분당서울대학교병원의 발걸음이 환자의 보폭을 따라갑니다.

분당서울대학교병원과
함께 걸어가요

지나간 날에 박수를, 다가올 날에 행복을 전하는
암정보교육센터

꿈을 꾸는 이들은 아름답습니다. 병마와 싸우는 힘든 삶 속에서도 결코 꿈을 포기하지 않고 도전하는 그들의 삶은 많은 이들에게 희망과 감동을 선사합니다. '암정보교육센터'를 찾아가 환우들의 새로운 도전에 대한 이야기를 들어보았습니다.

작지만 알찬 다양한 프로그램

분당서울대학교병원 암정보교육센터는 암에 대한 교육과 정보를 제공하는 곳이자 암환자와 가족을 위한 쉼터의 역할을 톡톡히 하고 있습니다. 이곳에는 각종 암교육 팸플릿과 동영상 등의 자료가 구비되어 있고, 종양 전문간호사와 사회복지사가 상주하고 있습니다. 또한 암환자들이 느끼는 막연한 두려움과 불안감을 이겨내고, 치료과정을 보다 긍정적으로 받아들여 치유에 대한 적극적 의지 및 치유과정에서의 행복감을 느낄 수 있도록 돕는 곳입니다.

암정보교육센터에서는 월별로 암환자와 가족을 위한 교육 프로그램을 진행하고 있습니다. 대장암·유방암·위암·갑상선암 등 특정 암에 대한 교육은 물론이고 가발과 모자 활용법, 암환자에게 유용한 사회복지정보 등의 강의도 진행합니다. 이외에도 환자들의 정서안정에 중점을 둔 음악치료, 미술치료, 마음 힐링 웃음치료, 캘리그래피, 원예치료 등 환자 참여형 프로그램도 실시하고 있습니다. 모든 프로그램은 원내 교수진과 외부 전문강사의 재능기부 형식으로 운영되고 있어 별도의 참가비 없이 참여가 가능합니다.

이곳에서 근무하는 최지영 간호사는 "암정보교육센터는 총 4명이 꾸려가는 작은 조직이지만, 원내 의료진분들과 외부 자원봉사자, 환우 자원봉사자 등 80여 명의 노력으로 완성되는 곳"이라면서 암정보교육센터를 '작지만 알찬 곳'이라고 거듭 강조했습니다.

또한 한 달에 약 600여 명의 환자가 센터에 방문해서 상담을 받으며, 400여 명이 교육 프로그램에 참여한다고 합니다. 이외에도 교육자료를 제공받거나 외래 대기시간에 휴식을 취하는 등 다양한 이유로 암정보교육센터를 찾고 있다고 합니다. 그리고 병원에 찾아오지 못하는 많은 암환자와 가족들도 카카오톡에 암정보교육센터를 친구로 등록하면 매월 교육 프로그램 일정과 암 관련 뉴스를 받아볼 수 있다면서 더 많은 환우와 가족들이 암정보교육센터를 찾기를 희망했습니다.

완치 암환자를 위한 활동에는 어떤 것들이 있나

암정보교육센터에서는 완치 암환자를 위해 '지나간 날에 박수를, 다가올 날에 행복을'이라는 문구가 적힌 '암치료 종료 기념주화'를 제작하여 산정특례 종료시점의 완치 암환자들에게 전달해드리고 있습니다. '암치료 종료 기념주화'를 받고 기뻐서 어쩔 줄 모르는 완치 암환자들을 볼 때마다 가슴이 뭉클해진다는 직원들은 이 모습을 지켜보는 다른 환자분들께도 '나도 완치돼서 주화를 꼭 받아야지'라는 동기부여가 되었으면 좋겠다며 도움을 드리는 입장에서 큰 보람과 긍지를 느낀다고 입을 모았습니다. 또한 센터는 완치 이후의 건강관리도 중요하다며 '치료 후 건강관리' 팸플릿과 함께 관련 교육도 함께 진행하고 있습니다.

"코로나 전에는 워크숍을 진행했어요. 워크숍에서 선배 환우와 만남을 통해 암 관리에 대한 교육을 하고, 운동계획, 식습관에 대한 이야기를 나누는 시간을 가졌죠. 암이 완치된 선배 환우들과 이야기를 나누면서, 고민도 털어놓고, 공감도 돼서 그런지 만족도가 꽤 높으시더라고요. 코로나 이후로는 1:1 멘토 멘티로 선배 환우와의 전화상담을 연결해드리고 있는데, 선배 환우를 소개해주어 감사하다는 칭찬카드를 써주시는 환자분들도 계세요. 그만큼 환자분들께서 만족하고 계시다는 거겠지요."

암 진단을 받으면 많은 것들이 달라집니다. 신체적 고통은 물론이고 정신적인 고통으로 일상생활에 큰 변화가 생깁니다. 치료를 받으면서도 불안에 휩싸이고, 치료 후에도 다시 건강을 찾을 수 있을지에 대한 고민으로 힘든 나날을 보냅니다. 이럴 때 멘토들이 암환우들에게 의료진보다 더 큰 힘이 되곤 합니다. 멘토는 멘티의 이야기를 경청하고 공감해줍니다.

암정보교육센터 환우회 멘토들
선배 환우(멘토)는 교수님께서 모범 완치 환우로 추천해준 분들을 대상으로 암정보센터 주관 교육과 정보 습득 후 암환우를 위한 멘토 활동을 하고 있습니다.

또 자신의 경험에 비추어 조언을 하거나 함께 고민하며 긍정적인 삶을 유지할 수 있도록 돕습니다. 분당서울대학교병원 암정보교육센터 멘토 프로그램은 그 우수성을 인정받아 2019년 보건복지부가 주최한 멘토링 우수 사례 공모전에서 최우수상을 수상하기도 했습니다.

제 아이가 제 모습을 기억할 수 있도록 춤을 추고 싶어요

대부분의 병이 그러하듯 암 또한 나이를 가리지 않고 우리를 위협합니다. 그래서 한창 뛰어놀 나이에 병원에 입원한 소아암환자들도 적지 않습니다.

“소아암환자들을 보고 있으면 어쩜 저렇게 맑고 순수할까 싶어 마음까지 맑아지는 느낌이 들곤 해요.”

소아암환자를 위해 진행되는 지원방안을 소개하며, 암정보교육센터 직원들은 환우에 대한 애정을 드러내곤 합니다.

아이들에게 1년 중에서 가장 좋아하는 날을 꼽으라면 단연 ‘어린이날’과 ‘크리스마스’를 꼽을 것입니다. 그래서 암정보교육센터에서는 1년에 2번, 소아암환자들을 위한 행사를 어린이날과 크리스마스에 진행하고 있습니다. 매년 행사 때마다 교회에서 아이들의 소원을 주제로 기도를 해주고 있으며, 아이들의 소원을 그림으로 그려 가벽에 전시하는 계획도 고려하고 있습니다.

가장 기억에 남는 에피소드를 이야기하는 최 간호사는 잠시 감정을 추스르더니 이런 일화를 들려주었습니다.

“소아암환자를 위한 크리스마스 행사에서 사회자가 즉석으로 어머니들 중 앞에 나와서 노래나 춤을 추실 분이 있는지 물어보았어요. 그러자 기다렸다는 듯이 한 어머니께서 손을 번쩍 드시더라고요. 참 용기가 대단하다고 생각했는데, 그 뒤에 하신 말씀이 더욱 뭉클했어요. ‘제 아이가 제 모습을 기억할 수 있도록 춤을 추고 싶어요.’ 그러고선 아이돌 춤을 정말 열심히 추셨어요. 엄마를 바라보는 아이의 표정도 무척 밝았고요. 저는 그 모습이 정말 슬프면서도 감동적이었어요. 아픈 자식에게 소중한 추억을 선사해주기 위해 밤낮없이 노력했을 어머니의 모습이 떠올랐거든요."

암정보교육센터의 직원들은 일하는 매순간이 행복하다고 합니다. 2021년 소아암환자를 위한 크리스마스 행사 종료 때 아이들에게 "내년 어린이날에 또 봐요."라고 말을 했는데, 환아의 어머니께서 SNS에 "그 말이 너무 따뜻하고 감동적이었다."는 글을 남겨주셨다며, 왠지 모를 뭉클하고 뿌듯함이 느껴졌다고 전했습니다.

치유, 그 희망을 배우는 곳

지난 2013년부터 암환자 가족을 위해 쉼 없이 달려온 암정보교육센터는 2022년 3월 개소 10주년을 맞이했습니다. 프로그램 종료 후 진행되는 평가에서 항상 높은 점수를 기록하고, 워크숍의 상시 개최를 요청하는 환자들이 많을 정도로 만족도가 높은 암정보교육센터의 2022년 목표는 무엇일까요?

"환자들에게 반응이 좋았던 프로그램은 지속하고, 저희가 부족했던 부분을 보완해야 하는 시기라고 생각합니다. 2021년에는 환자분들 작품을 모아 전시회를 열었습니다. 아직 저희 센터를 모르시는 분들에게 홍보도 되었고, 프로그램에 참여한 환자분들은 성취감을 느끼셨다고 말씀해주셨습니다. 또한 다른 암환우분들께도 긍정적인 효과를 주었다고 생각합니다. 그래서 앞으로도 전시회를 진행해나갈 예정입니다."

암정보교육센터는 앞으로도 암환우와 가족들이 필요로 하는 정보를 제공하고 프로그램을 기획해 암투병 생활 멘토의 역할에 최선을 다할 것을 다

집합니다. 암환자들이 커다란 고통 앞에 혼자 끙끙 앓지 말고, 암정보교육센터에서 치유와 희망을 배워가길 바랍니다.

아가의 작은 숨소리까지 놓치지 않아요
신생아중환자실2

신생아중환자실은 신생아라는 새 생명과 중환자라는 그늘이 공존하는 곳입니다. 갓 태어난 여린 숨결들이 만들어내는 생명의 경이로움. 이곳에서 근무하는 모영란 간호사의 특별한 경험을 들어보았습니다.

아주 특별한 경험

"여기서 지내는 아가들에겐 엄마가 참 많아요. 하루에도 몇 번씩 얼굴이 바뀌며 돌봐주는 간호사엄마들 말이에요. 우리는 이 작은 천사들을 만지고 싶고, 안고 싶고, 보고 싶어 하는 엄마들을 대신해서 사랑과 정성으로 돌봐주고 있어요."

모영란 간호사는 건강을 회복하는 입원환자들에게 식사가 중요하듯이 이곳 아가들에게도 수유가 정말 중요하다고 했습니다. 건강한 아가들은 엄마의 따듯한 가슴에 안겨 심장 소리를 들으며 젖을 빨겠지만, 안타깝게도

여기 아가들은 호흡이 힘들어서 위장관 튜브입을 통해 위까지 삽입하는 튜브로 영양을 공급받을 수밖에 없는데, 고맙게도 호흡이 호전되면 수유를 시도하게 된다고 합니다. 그런데 얼마 전에 모영란 간호사는 '신생아 구개열입술, 입술천장 갈림증'을 발견하는 아주 특별한 경험을 해서 화제가 되었습니다.

"우리 아가는 코가 오똑하고 눈이 똘망똘망한 아주 귀여운 아가예요. 태어난 지 두 달이 다 되었지만 다른 이른둥이들처럼 자가 호흡을 힘들어해서 기계로 호흡 보조를 받았어요. 다행히 날이 갈수록 호흡이 좋아져서 산소포화도를 살피며 간격을 두고 수유를 시도할 수 있게 되었어요. 하지만 수유가 길어질수록 아가가 자지러지게 울어댔어요. 자세가 좋지 않아서 그런가 싶어서 상체를 세워 수유를 했는데도 울음을 멈추지 않았어요."

아가는 온몸을 버둥거리며 아픔을 표현했고, 모영란 간호사는 숨쉬기가 불편한 건지 아니면 입안에 문제가 있는 건지 여러 가지 걱정에 아가의 작은 몸짓까지 알아내려 애를 썼습니다. '건강한 나도 사레들리면 이렇게 힘들어하는데, 말 한마디 못하는 아가는 얼마나 괴로울까' 싶어 눈물이 핑 돌았다고 합니다.

아무래도 입속에 문제가 있는 것 같아 그녀는 장갑을 끼고 아가의 작은 입속을 조심스레 살폈습니다. 하지만 도드라지거나 움푹 들어가 있거나, 어떤 이상도 발견하지 못했습니다. 막 장갑을 벗으려다가 마지막으로 한 번 더 확인해보자는 생각에 아주 천천히 아가의 입속을 살펴나갔습니다. 그때! 손가락 끝이 살짝 들어가는 듯한 느낌을 받았습니다.

"혹시 구개열인가 싶어 설압자혀를 아래로 누르는 데 사용하는 의료기구와 펜라이트로 입속을 면밀하게 들여다보았어요."

드디어 찾았다!

"아가의 연구개입천장 뒤쪽의 연한 부분에서 아주 작은 구멍을 발견하고는 너무 기뻐 나도 모르게 소리를 질러버렸어요."

보통 입술이나 입천장이 갈라지는 구순구개열은 육안으로 확연히 보이기 때문에 바로 발견이 가능하지만 이번 경우처럼 입안 깊숙이 자리한 작은 구멍은 발견하기가 쉽지 않습니다. 더구나 아가가 태어나자마자 인공호흡과 위장관튜브로 영양을 공급받았기 때문에 구개열을 발견하기가 더더욱 어려운 상황이었습니다. 소아청소년과 최○○ 교수도 회진 중에 "바쁜 간호 업무 중에도 환아를 세심히 관찰하여 구개열을 발견해준 것에 대해 신생아중환자실 의사직을 대표해서 감사드립니다."라며 모영란 간호사를 칭찬해주었습니다.

하지만 그녀는 그동안 아가가 겪었을 불편함과 고통을 생각하면, 구개열을 발견했다는 기쁨보다는 '왜 더 일찍 발견하지 못했을까' 하는 자책감이 더 컸다고 합니다. "긴급조치 후에 아가에게 조심스럽게 수유를 하고 토닥토닥 등을 두드려주었더니 아가가 아주 작은 소리로 트림을 하는데, 그 모습이 너무 귀여워 배를 가볍게 쓰다듬어줬더니 살짝 입꼬리를 올리며 웃더라고요."라며 천사가 따로 없다고 했습니다. 그리고 이런 경우가 자주 있냐는 질문에 이렇게 대답했습니다.

"이런 일들이 자주 있는 것은 아니지만, 태어난 후에 인공호흡치료와 위장관튜브로 영양을 공급받았기에 구개열 존재를 발견하기 어려웠던 상황었어요. 아가의 호흡이 호전되고 입으로 수유를 진행하는 과정에서 아가의 지속되는 불편함에 초점을 두고 해결하기 위해 수유 자세 변경, 콧속 흡인 등의 변화를 주며 지켜보고 원인을 찾기 위해 세심히 확인한 덕분에 발견할 수 있었고 좀 더 빨리 치료가 이뤄질 수 있도록 한 것 같아요."

아가들의 반응 하나하나 그냥 지나치지 않아요

얼마 전에는 신생아중환자실 아가의 피부 이상을 조기 발견하여 욕창으로 발전되지 않도록 환경을 개선한 사례가 있습니다. 고위험군 신생아의 치료 중에는 아가의 호흡을 안정화하기 위한 Minimal handling가능한 최소한의 처치를 해 활동과다와 불안정을 유발하는 자극을 억제이 있는데, 이 경우 아가의 움직임을 최소화하기 위해 아가의 자세에도 제한을 두고 있다고 합니다.

그러던 중 한 아가의 상태가 호전되어갈 즈음, 아가의 머리 부분의 포작은 면 이불에 머리카락이 묻어나오는 것을 발견하게 되었습니다. 아가들은 누운 자세로 있어 흔히 포에 머리를 문지르는 경우가 있어 포를 교체하고 지속적으로 지켜보았습니다. 이후에도 포에 묻어나는 머리카락을 발견하게 되어, 유심히 살펴보던 중 아가의 뒷머리 피부가 작게 벗겨져 있는 것을 알아차리게 되었습니다.

그때를 생각하면 지금도 아찔하다면서 모영란 간호사는 가슴을 쓸어내렸습니다.

"아가가 머리를 문지르는 줄로만 알고 계속 지켜만 봤다면 '욕창'으로 전환되었을 수도 있지 않을까 생각하니, 지금도 가슴이 철렁 내려앉는 것만 같아요. 이후 아가를 감싸는 천을 더욱 부드러운 제품으로 변경했고, 이 일을 계기로 작은 사례도 주의 깊게 관찰하는 문화와 함께 정기적으로 신생아를 중심으로 한 의료팀이 모여 의논하는 자리를 만들게 되었어요.”

신생아중환자실의 아가들은 말을 할 수 없습니다. 의사표현은 작은 몸짓이나 울음이 전부입니다. 그래서 신생아중환자실 간호사는 아가의 울음소리나 숨 쉬는 모습 등 여러 가지 작은 움직임들을 관찰하며, 발견되는 사소한 변화까지 하나하나 관심을 갖고 의료진 간 이에 대해 항상 소통하고 있습니다.

“앞으로도 더욱 관심을 갖고 아가들의 작은 변화도 민감하게 찾아내기 위해 노력해야겠어요. 이전의 경험과 지식으로 파악하는 데 그치지 않고, 다른 부분이 더 있지 않을까, 늘 고민하며 관찰하는 자세가 필요하다는 것을 느끼게 된 소중한 경험이었어요. 평소에도 아가에게 관심이 많았고 잘 살피기 위해 노력을 해왔지만, 신생아중환자실에서 근무하는 간호사로서 아가들의 반응 하나하나에 더욱 의문을 품고 어떻게 하면 아가들이 편해지는지에 대해 알아가려고 노력을 하면, 결국 아가들에게 도움이 된다는 것을 깨닫게 되었습니다.”

오늘도 이곳 신생아중환자실에는 여린 숨결들이 만들어내는 생명의 경이로움이 피어납니다. 24시간 아가들의 작은 울음소리와 움직임에 크게 반응하는 간호사엄마들이 있어 신생아중환자실의 아가들은 오늘도 편안하게 잠이 듭니다. 작은 천사들을 만지고 싶고, 안고 싶고, 보고 싶어 하는 엄마들을 대신해서 간호사엄마들이 사랑으로 돌봐주고 있습니다. 천사 같은 아가들 미소에 간호사엄마들은 힘을 얻습니다.

"예쁜 아가들아, 많이 힘들고 아팠지? 이젠 더 이상 아프지 말고 여기서 있었던 기억들과 우릴 모두 잊어도 좋으니, 무럭무럭 커서 건강한 어른으로 성장하길 바랄게. 이것이 바로 간호사엄마들의 간절한 바람이란다."

SNUH

분당서울대학교병원

추 천 사

2022년 6월, 코로나19의 큰 파도를 넘어가는 이 시기에 분당서울대학교병원에서 작지만 진심 어린 책을 한 권 출간합니다. 이 책에는 환자로, 환자의 보호자로 그리고 병원 직원으로 질병의 치유를 희망하며 함께한 경험들, 불편하고 힘들고 슬픈 기억들과 함께 따뜻한 배려와 수고와 사랑의 기억들이 오롯이 담겨 있습니다.

병원 직원이 차를 운전하며 환자들의 동선으로 가장 붐비는 시간대의 주차장을 경험한 후 주차서비스를 개선하고, 응급의학과 교수가 휠체어를 타고 환자의 이동공간을 경험해본 후 진료과정을 혁신하는 일들까지. 작지만 병원에서 일어나는 진정성 있는 노력들이 이 책에 담겨 있습니다. 이렇게 애쓰고 노력하는 동료들과 함께 이 병원에 몸담고 있음이 감사하고 자랑스럽습니다.

의학에는 과학적이고 기계적인 면과 함께 사회적이고 인간적인 면이 바이올린과 첼로를 위한 협주곡처럼 어우러지는 분야입니다. 그 둘이 서로의 소리에 반응하고 부족한 점을 채우면서 완성된 음악으로 나아가는 것처럼, 병원의 의료서비스도 의학적 혁신과 창의적 시도와 함께 인간적인 배려와 공감으로 발전을 이루어갑니다. 비록 짧은 진료시간과 한국의 의료 현실이 주는 어려움과 제한도 많지만, 환자의 간절함을 이해하고 돕고자 하는 '진심'이 병원이 존재하는 이유를 실현하는 최고의 길이 된다고 생각합니다. 그 길을 탐색하시는 분들께 이 책을 추천합니다.

정 숙 향

분당서울대학교병원 소화기내과 교수
전 경영혁신실장(2010-2012)

조사와 분석, 개선과 교육 그리고 혁신활동에 이르기까지 환자중심적인 다각도의 노력이 병원에서 줄을 잇고 있습니다. 그중에서도 '환자경험'에 대한 접근과 이해, 핵심적인 사항에 대한 접근방법을 찾는 것은 많은 병원의 숙제이자 주요한 사업 중 하나일 것입니다.

환자경험이 도대체 무엇이며, 무슨 활동을 어떻게 해야 할까요?

세부적인 사업계획만으로는 담아내지 못하는 것들, 의료계 대다수가 그러하듯 환자를 대하며 진심으로 나누고 전하는 연민이나 공감에 대한 막연한 어려움에 동의할 것입니다.

이 책에 시대의 변화에 따라 날로 중요성이 확대되고 있는 환자경험을 위해, 직원경험을 공유하고 환자 이야기에 마음을 기울이는 사례가 담겨 있습니다. 단순히 매뉴얼로는 전할 수 없던 '환자경험 이야기'가 [마음을 읽는 병원, 분당서울대학교병원]에 빼곡히 적혀 있습니다.

환자중심 의료서비스의 전달과정, 그 핵심에 있는 환자와 의료진의 경험과 그 속에 담긴 '진짜 이야기'에서 숨겨진 환자경험을 찾아보시기 바랍니다.

송 정 한

분당서울대학교병원 공공의료본부장
진단검사의학과 교수
전 경영혁신실장(2012~2015)

추 천 사

"환자분, 언제부터 어떻게 어지러우신가요?"

진료실에서 환자를 만날 때마다 하는 질문입니다. 하지만 대부분의 환자들이 언제 어지러움을 느끼는지는 어렴풋이 기억하나, 어떻게 어지러움을 느끼는지는 설명하기 어려워합니다.

어지러움이라는 건 일상생활에 큰 불편을 초래하기에 치료에 대한 니즈가 크지만, 치료방법을 위한 질문에는 '그저 어지럽다'가 일반적인 답변일 때가 많습니다.

환자의 증상에 따라 여러 가지 질문과 함께 그에 맞는 다양한 검사방법을 동원하여 환자가 느끼는 어지러움의 핵심원인을 찾아내야 합니다. 그리고 치료를 시작해야 합니다.

아무리 혁신적이고 서비스가 탁월한 병원이라고 하더라도 환자에게 진짜 필요한 요소를 찾아내어 그 환자의 불편함에 공감하지 못한다면, 이후 진행되는 과정은 유의미한 결과를 내지 못할 것입니다. 특히, 공감이 사람에 대한 이해에서 출발한다는 점에서 [마음을 읽는 병원, 분당서울대학교병원]은 앞서 언급한 '유의미한' 과정과 성과를 보여주고 있습니다.

유의미한 공감에 동참하여 환자의 마음까지 치료하기 원하신다면, 이 책을 추천합니다.

김 지 수

분당서울대학교병원 의생명연구원장
신경과 교수
전 경영혁신실장(2015~2019)

2020년 새롭게 나타난 코로나19는 우리의 소중한 일상을 빼앗아갔습니다. 다행히 2003년 사스, 2009년 인플루엔자, 2015년 메르스의 경험 덕분에 새로운 감염병에 발 빠르게 대응할 수 있었지만, 코로나19 유행 이후 모두가 마스크 너머 눈빛으로만 따뜻한 감정을 공유할 수밖에 없는 안타까운 현실을 마주하고 있습니다.

[마음을 읽는 병원, 분당서울대학교병원]을 대하고 보니, 2020년과 2021년 경영혁신실장으로서 '환자'를 중심에 두고 함께 고민하던, 보다 나은 환자경험으로 기억되기 위해 분주했던 시간들이 생생해집니다.

코로나19를 겪으면서 감염병에 효과적으로 대처하기 위해 의료진의 교육과 체계적인 대응이 필수불가결한 요소라는 것을 확인한 것처럼, 환자경험 측면에서도 환자의 일상을 돕기 위한 다양한 활동들이 끊임없이 지속될 때 환자의 치료와 함께 긍정의 기억이 쌓여갈 것입니다.

이에 발맞추어 병원은 점점 변하고 있지만, 병원 서비스에 만족하는 기준 역시 점차 높아지고 있습니다. 단순히 치료결과의 만족을 뛰어넘어 '환자의 마음을 읽고, 그 마음을 반영하기 위해 끊임없이 노력해온 환자와의 찐한 스토리'로 새로운 경쟁력을 쌓아가고 있는 병원 이야기가 궁금하시다면, 마스크 너머 마음을 나누는 이야기, [마음을 읽는 병원, 분당서울대학교병원]에서 확인하시면 어떨까 합니다.

김 홍 빈

분당서울대학교병원 감염내과 교수
서울대학교 의과대학 교무부학장
전 경영혁신실장(2019~2021)

추 천 사

많은 환자들이 모이는 오전 시간 병원 입구와 주차장은 원활하게 운영되고 있는지, 채혈실 앞을 비롯해 환자가 모이는 로비에 혹시 미끄러운 곳은 없는지, 외래진료 대기공간과 화장실이 붐벼 환자들이 불편하지는 않은지, 승강기는 잘 작동되고 있는지, 병실의 온도와 공기는 쾌적하여 환자들의 치료에 도움이 되는지 그리고 수납을 비롯한 접수절차가 환자중심으로 진행되고 있는지…….

병원은 환자가 질병을 치료하기 위해 찾아오는 공간입니다. 그리고 이곳은 환자의 질병을 치료하기 위해 모든 직원이 한마음으로 일하는 곳입니다.

병원이 온전한 치료의 공간이 되어 안전하고 깨끗한 경험으로 환자의 기억 속에 자리하기를 바라는 마음으로, 이 책 [마음을 읽는 병원, 분당서울대학교병원]을 읽고, 그 마음을 추천합니다.

신 원 순

분당서울대학교병원 사무국장

때론 작은 고난에도 쉽게 좌절하는 우리지만 코로나라는 어둡고 긴 터널을 이만큼이나마 지나올 수 있었던 것은, 말하지 않아도 나의 마음을 알아주고 내 편이 되어주는 가족과 동료, 그리고 우리 모두가 함께라면 이겨낼 수 있을 것이라는 '희망' 덕분이 아니었을까 생각해봅니다.

병원에는 많은 전문가들이 있지만, 그중에서 환자는 질병 경험의 최고 전문가입니다. 인생에 예고 없이 찾아온 아픔 서린 크고 작은 이야기들 속에 환자의 경험과 그 마음을 읽으려 가슴으로 고민했던 스누비안의 따뜻한 정이 있습니다.

한국인은 정情의 민족이라죠. 이 책 [마음을 읽는 병원, 분당서울대학교병원]에서 환자와 스누비안의 그 따뜻한 정에 보다 가까이 다가가보시기 바랍니다.

더불어 앞으로도 우리는 환자의 마음에 귀기울이며 함께 희망을 찾아가는, '마지막 잎새'가 되기 위해 노력하겠습니다.

김 선 경

분당서울대학교병원 간호본부장

추 천 사

환자의 칭찬에 더욱 최선을 다하고, 환자의 불편한 사항은 적극 개선하며 환자경험에 공감하는 노력으로 성장해온 분당서울대학교병원의 이야기가 책으로 발간되어 기쁜 마음으로 축하드립니다.

앞으로도 분당서울대학교병원은 언제나 환자의 마음을 잘 읽고 이해하며 환자와 함께 발맞추어 나갈 거라고 믿으며, 이러한 환자공감의 이야기가 계속 이어질 것을 기원합니다.

이 정 화

분당서울대학교병원 약제부장

책을 준비하며 떠오르는 장면이 있습니다.

10여 년 전, 당시는 '환자경험'이라는 단어조차 생소했던 때였습니다. 여러 가지 활동을 하곤 있었지만, 늘 환자중심의 의료로 다가서기 위한 고민을 거듭하던 시절이었습니다. 그렇게 클리블랜드 클리닉을 향한 비행기에 올랐고, 다소 달뜬 마음을 고스란히 간직한 채 처음 마주한 단어가 'Patient, First'.

클리블랜드에서의 시간은 짧았지만 'Patient, First'의 영향력을 경험할 수 있는 귀한 시간이었습니다. 이는 절대 공허한 메아리가 아니었습니다.

의료의 본질이 '환자우선'이라는 가장 기본적인 개념을 새삼 일깨워주었을 뿐 아니라, 처음과 끝이라는 확신을 주었습니다. 특히 환자들의 진료참여를 위한 여러 활동들과 함께 환자에게 긍정적인 경험을 제공하는 직원을 위한 웰리스센터 운영 등은 의료의 미래를 제시하는 모습이었고, 매우 고무적이었습니다.

그러한 마음가짐을 간직한 채 스누비안의 마음을 모아 노력하던 시간들이 떠오릅니다. 책을 읽는 내내 우리도 조금씩 때론 큰 보폭으로 '환자중심의 의료'를 향해 걸어가고 있음을 머리와 가슴으로 동시에 느껴볼 수 있는 시간이 되실 것입니다.

여 상 근

분당서울대학교병원 경영혁신팀장

에 필 로 그

"듣는 마음을 주소서."

지혜의 왕으로 불리는 성경 속 인물 솔로몬왕의 첫 기도입니다.

성경 열왕기상 3장 9절에 의하면 솔로몬은 하나님께 명석한 두뇌가 아니라 '듣는 마음'을 달라고 했습니다. 그 유명한 솔로몬의 지혜란, 판단 능력이기 전에 듣는 능력을 말합니다. 들음은 겸손이며 지혜이기 때문입니다.

[마음을 읽는 병원, 분당서울대학교병원]을 구성하며 줄곧 들었던 생각은 환자의 이야기를 듣는다는 것, 그 마음으로 바꿔간다는 것은 '듣는 마음'이 필요한 영역이라는 것이었습니다.

그래서 그동안 모은 환자와 보호자들의 질책에 대한 개선사례와 함께 힘든 역경을 꿋꿋이 버티어내는 환자들의 감동 어린 사연들, 따뜻한 마음을 가진 직원들을 향한 칭찬과 환자와 의료진 간의 애틋한 이야기 등을 정성껏 모아 책으로 내놓았습니다.

그렇지만 이제야 고백합니다.

환자와 스누비안의 마음을 책으로 만들어가는 시간은 기쁨보다는 힘든 나날의 연속이었습니다. 이렇게 다양한 이야기들로 구성되어진 책은 그 어떤 병원에서도 시도해보지 않았던지라, 첫 시도라는 엄청난 중압감과 우려 때문이었습니다.

깊은 고민 끝에, '듣는 마음'에 힘을 쏟아 열심히 책을 만들어나가자고 다짐했습니다. 그리고 듣는 마음을 기울이던 시간을 보내고 나니, [마음을 읽는 병원, 분당서울대학교병원]에 '공감'의 열매가 하나, 둘, 셋, 넷… 늘어갔습니다.

그렇게 함께 나눈 공감의 열매가 환자들의 치료과정에 조금이라도 힘이 되기를 간절히 기대합니다.

환자 가까이에서, 환자와 함께한 시간으로 원고에 참여해주신 직원 여러분과 인터뷰에 응해주신 환자분께 그리고 '환자경험'을 위해 오늘도 환자 곁에서 애쓰고 맘 쓰고 계신 모든 스누비안 선생님들께 두 손 모아 감사 인사드립니다.

박 인 선

분당서울대학교병원 경영혁신팀 고객경험파트장

분당서울대학교병원
SEOUL NATIONAL UNIVERSITY BUNDANG HOSPITAL

마음을 읽는 병원

분당서울대학교병원

1판 1쇄 발행 2022년 7월 11일

저자 분당서울대학교병원
기획·구성 분당서울대학교병원 경영혁신실
경기도 성남시 분당구 구미로 173번길 82
Tel: (031)787-1420 / e-mail: 02093@snubh.org

발행 도서출판 가연
서울시 마포구 월드컵북로4길 77, 3층
Tel: (02)858-2217 / Fax: (02)858-2219
e-mail: 2001nov@naver.com
편집 유현규, 유하나
삽화 김완진
디자인 은디자인

ISBN 978-89-6897-107-5 03810